QUE

Les médias

FRANCIS BALLE
Professeur à l'Université Paris 2 (Panthéon-Assas),
ancien membre du CSA

Cinquième édition mise à jour

16e mille

DU MÊME AUTEUR

Et si la presse n'existait pas..., Paris, Jean-Claude Lattès, 1987.
Le mandarin et le marchand, Paris, Flammarion, 1996.
La politique audiovisuelle extérieure de la France, Paris, La Do mentation française, 1996.
Dictionnaire du Web, avec Laurent Cohen-Tanugi, Paris, Dal 2001.
Lexique d'information communication (sous la dir.), Paris, Dal 2006.
Médias et sociétés, Paris, Montchrestien (1re éd., 1980), 14e 2009.

ISBN 978-2-13-057988-5

Dépôt légal — 1re édition : 2004
5e édition mise à jour, 2e tirage : 2010, avril

6, avenue Reille, 75014 Paris

INTRODUCTION

Qu'appelle-t-on, aujourd'hui, média ? TF1 est un média, tout comme *L'Express* ou RTL. Le livre et la télévision sont des médias, au même titre que la radio, le cinéma, l'affichage ou *Google*. Mais les médias sont également des techniques, comme la presse à imprimer de Gutenberg, le cinématographe des frères Lumière, la télégraphie sans fil – TSF – de Marconi, les logiciels qui permettent de naviguer d'un site Web à l'autre.

Les médias se partagent, en des proportions variables, des tâches ou des activités différentes – l'information, la publicité, le divertissement, l'éducation, la création –, à moins qu'ils ne s'identifient à l'une d'elles. Au fil des années, ils ont souvent donné naissance à un art, à une forme d'expression ou à une discipline particulière de la pensée : le journalisme de chronique ou de reportage, le film de cinéma, l'affiche ou le spot publicitaire, le documentaire ou le feuilleton de télévision, les variétés et les vidéos, les sites du Web.

Techniques, entreprises, formes d'expression, domaines d'activité : l'inventaire des médias décourage toute tentative de définition. En s'imposant, au tournant des années 1980, le mot « média » a pourtant rejoint son étymologie. En effet, un média est d'abord et avant tout un moyen – un outil, une technique, un intermédiaire – qui permet aux hommes de s'exprimer et de communiquer à autrui cette expression, quel qu'en soit l'objet ou la forme. Mais il se définit également par son usage, lequel désigne à la fois un rôle déterminé qui a fini par prévaloir et la meilleure façon de remplir ce rôle. Il échappe difficilement à la tâche qui lui a été assignée : organe d'information ; moyen de divertissement, d'évasion ou de connaissance ; support ou vecteur d'œuvres ou de chefs-d'œuvre artistiques.

La première partie de ce livre considère les médias en privilégiant ces deux aspects simultanément, selon l'ordre d'apparition des techniques, et en observant, pour chacune, ses premiers usages, ses premières destinations, l'innovation sociale à laquelle l'invention technique a ouvert la voie.

La deuxième partie examine les objectifs que les médias se donnent ou les finalités qui leur sont assignées par leurs destinataires : l'information, le divertissement, la communication, l'éducation.

La troisième partie s'ordonne autour de plusieurs questions qui concernent l'influence des médias sur chacun d'entre nous, sur la politique, sur la culture ou sur la vie internationale. Les nouveaux médias – la vidéo, les multimédias – vont-ils remplacer les anciens – le livre, le journal ? De quel mal l'information est-elle atteinte, alors que les médias n'ont jamais été aussi nombreux ? Ces derniers représentent-ils, ensemble, un « quatrième pouvoir », à l'égal du législatif, de l'exécutif et du judiciaire ? Soumis aux lois de l'économie marchande, les médias ne mettent-ils pas en péril la véritable culture, celle qui illustre le génie des hommes et de leurs civilisations ? En se conjuguant avec la mondialisation de l'économie, l'essor des médias favorise-t-il, à l'aube du nouveau millénaire, l'avènement du village planétaire ? Ces questions désignent les enjeux majeurs des premières décennies du XXIe siècle.

PREMIÈRE PARTIE

LES TECHNIQUES ET LEURS USAGES

Les médias sont des techniques, et elles valent seulement par l'usage qui en est fait. La technique n'impose rien : elle propose, et l'homme dispose, ou compose. Et la destinée d'un média, plus spectaculairement sans doute que celle des autres techniques, connaît des accidents, elle rencontre des bifurcations et elle change souvent de direction. Ainsi les médias nous surprennent-ils toujours : leur usage correspond très rarement à ce que leurs inventeurs avaient imaginé.

Chapitre I

LA PRESSE

La presse est le plus ancien des médias. Ce n'est sans doute pas un hasard si le même mot désigne l'outil, cette machine à imprimer inventée par Gutenberg, et l'usage que les hommes en ont fait, l'utilité qu'ils lui ont trouvée, au fil des siècles. Entre 1830 et 1870, la presse invente l'information d'actualité, en même temps qu'elle assigne leur mission aux journalistes : dire « ce qui se passe », ce qui vient de se passer, ce qui va se passer. De la double révolution, industrielle et libérale, elle est, depuis cette date, à la fois l'acteur, le témoin et le chantre.

I. – Les naissances du journal quotidien

En 1631, Théophraste Renaudot, médecin et homme de lettres, fonde *La Gazette,* grâce à l'appui du cardinal de Richelieu. Tiré à 1 200 exemplaires, l'hebdomadaire de huit pages offre à ses lecteurs plusieurs suppléments mensuels. Aux yeux de la presse moderne, la *Gazette* fait figure d'ancêtre et de modèle : pour la première fois, des nouvelles sont publiées selon une périodicité régulière à l'intention de nombreux lecteurs.

Les prédécesseurs de Renaudot sont assurément moins glorieux ou moins heureux. Les *menanti* de Venise, auteurs, dès le XIIIe siècle, de « nouvelles à la main », déjouent difficilement la surveillance de leurs nombreux censeurs. Jusqu'à la fin du XVIIIe siècle, leurs héritiers, les nouvellistes, n'ont guère plus de chance, que ce soit en France ou en Allemagne. Et les gazetiers de la Renaissance se contentent de relater dans leurs cahiers les faits les plus divers ou les plus insignifiants, depuis les fêtes populaires jusqu'aux funérailles princières.

La presse quotidienne naît en Allemagne, avec le *Leipziger Zeitung*, en 1660. Le premier quotidien français, *Le Journal de Paris*, est fondé en 1777. Mais les véritables prototypes de la presse quotidienne moderne voient le jour au XIXe siècle. En France, il s'agit de *La Presse*, créée par Émile de Girardin, et son concurrent *Le Siècle*, lancé par Dutacq en 1836. En Amérique, le *New York Sun* et le *New York Herald* sont fondés respectivement en 1833 et 1835 : chaque numéro était vendu au prix de 1 cent seulement. En Angleterre, la presse à 1 penny naît un peu plus tard, en 1855, avec le *Daily Telegraph*, le *Liverpool Daily Post* et le *London Evening News*.

La presse ne devient populaire qu'avec *Le Petit Journal*, lancé par Moïse Millaud, en 1863 : le numéro est vendu 5 centimes. Les quotidiens à 1 demi-penny naissent quelques années plus tard, en Grande-Bretagne, avec l'*Evening News*, en 1881, et *The Star*, en 1888. Peu avant 1900, on assiste aux États-Unis à la première bataille entre deux géants : fondateur du *New York Journal*, William R. Hearst s'attaque à la suprématie du *New York World* de Joseph Pulitzer.

II. – La presse : les grandes dates

1432-1434 Gutenberg met au point, d'abord à Strasbourg, puis à Mayence, la presse à imprimer.

1447 Parution du premier texte imprimé connu, grâce à l'utilisation des « types » de Gutenberg (caractères mobiles).

1605 Naissance du premier périodique au monde : *Les Nouvelles d'Anvers*.

1660 Naissance du premier quotidien au monde : *Leipziger Zeitung*, en Allemagne.

1836 Émile de Girardin est le premier à introduire la publicité dans son journal *La Presse* afin de diviser par deux le prix de l'abonnement.

1847 *La Presse* d'Émile de Girardin utilise la première rotative mise au point par Marinoni.

1884 Construction, par l'Américain Ottmar Mergenthaler, de la première composeuse mécanique, la linotype.

1904 Invention, par l'Américaine Ira Rubbel, du procédé offset (en français, « décalque »), dérivé de la lithographie.

1933 Utilisation de l'offset, pour la première fois, sur les rotatives : le procédé est plus performant que la typographie ou l'héliogravure.

1982 Naissance de *USA Today*, quotidien en couleur.

1993 Le quotidien californien *San José Mercury-News* lance la première édition électronique sur le Web.

1995 Lancement, pour la première fois dans le monde, d'un quotidien gratuit d'information, *Metro,* par le groupe Kinnevik.

2007 Expérimenté un an plus tôt par le quotidien économique belge *De Tijd,* le journal électronique ou *e-paper* est commercialisé en France par le quotidien économique *Les Échos*.

2008 Dans le Wisconsin, aux États-Unis, *The Capital Times* dont la diffusion est inférieure à 20 000 exemplaires, est le premier quotidien régional au monde à abandonner l'imprimé pour être publié sur la Toile.

2009 Le *Christian Science Monitor,* le premier quotidien national américain publié à Boston spécialisé dans les relations internationales abandonne l'imprimé pour n'être plus accessible que sur la Toile.

III. – La conquête d'une liberté cardinale

La presse moderne naît au XIXe siècle. Elle devient une industrie en 1846 grâce à la mise au point de la rotative de l'Américain Robert Hoe. Avec *Le Petit Journal*, elle se veut accessible à tous, par la modicité de son prix de vente, par la diversité de ses rubriques, par la qualité et la simplicité de ses langages. Attentive aux multiples demandes de ses clients, elle est ainsi devenue un marché à part entière. C'est le journal quotidien qui est le premier-né des médias de masse : il est le prototype du « mass media ».

L'histoire de la presse se confond, jusqu'au seuil du XXe siècle, avec celle d'une liberté cardinale, « fondamentale » : la liberté de la presse est première, à la fois logiquement et chronologiquement. En effet, non seulement elle a été conquise avant d'autres libertés, mais elle apparaît, plus encore aujourd'hui qu'hier, comme la condition d'existence des autres libertés, civiles ou politiques, personnelles ou publiques. Selon l'heureuse formule de l'association « Reporters sans frontières » : « Pas de liberté sans liberté de la presse. »

La presse anglaise, la première, lutte pour son émancipation. Dès 1695, elle obtient de la Couronne le droit d'être imprimée sans autorisation préalable ; elle met en cause la responsabilité politique du Premier ministre en 1762 ; elle obtient enfin, en 1855, la suppression de toutes les taxes qui la frappaient jusqu'alors. C'est également un Anglais, le poète John Milton, qui plaide, en 1644, pour la liberté d'imprimer « sans autorisation ni censure ».

Les éléments de la liberté de la presse sont énumérés pour la première fois par une loi suédoise de 1766 : interdiction de toute censure préalable ; désignation d'un responsable de la publication ; droit de ne pas révéler ses sources d'information ; détermination des cas de diffamation afin de protéger les particuliers.

Dans son *Bill of Rights* de 1776, l'État de Virginie fait de la liberté de la presse l'un des remparts – ou l'un des boulevards *(one of the great bulwarks)* – de la liberté. Ce principe sera repris par le Premier Amendement apporté en 1791 à la Constitution des États-Unis : « Le Congrès ne fera aucune loi restreignant la liberté de parole ou de la presse. » La France de 1789, fidèle aux mêmes idéaux, ne dessaisit pas pour autant le législateur. L'article 11 de la Déclaration des droits de l'homme et du citoyen dispose, en effet : « Tout citoyen peut (...) parler, écrire, imprimer librement, sauf à répondre de l'abus de cette liberté dans les cas déterminés par la loi. » La loi du 29 juillet 1881 sur la presse détermine, quant à elle, le régime administratif et pénal de cette dernière – les journaux peuvent être publiés sans autorisation préalable et sans dépôt de cautionnement (art. 5) – tout en fixant des limites à la liberté de publication : les délits de presse sont définis par le législateur.

IV. – La fin des quotidiens ?

En 1820, avant même que *Le Petit Parisien* devienne le plus grand journal du monde, avec un million et demi d'exemplaires avant 1914, Hegel écrivait : « Le journal est la prière laïque du matin de l'homme moderne. » Un siècle et demi plus tard, au tournant de 1970, Alfred Sauvy prophétisait, dans sa leçon inaugurale au Collège de France : « La démocratie triomphera le jour où chacun disposera enfin d'une information complète et objective. » De Hegel à Sauvy, la presse, le journalisme et l'information ont été confondus. Le journaliste exerçait forcément son métier dans un journal ; la presse était le principal moyen d'information digne de ce nom ; le journal quotidien était le seul représentant qualifié et légitime de la presse ; et la liberté de la presse était première, à la fois logiquement et chronologiquement, conquise avant les autres libertés et, pareillement, la condition nécessaire de leur existence, leur condition de possibilité.

Les journaux quotidiens continuent de se vouloir le plus souvent, et d'être encore pareillement perçus, à la fois comme les témoins, les acteurs et les chantres de la démocratie. Pendant plus d'un siècle, jusqu'en 1960, ils ont exercé une sorte de magistère sur la vie intellectuelle et la vie politique, à la faveur sans nul doute de ce monopole qu'ils avaient conquis sur l'information qualifiée depuis de « générale et politique », une information qu'ils voulaient impartiale, soucieuse de rapporter les faits de l'actualité avec véracité et de les analyser ou les interpréter sous le joug d'une absolue sincérité. La véracité et la sincérité étaient à leurs yeux les deux vertus de la vérité.

Après avoir incriminé la radio, la télévision et les hebdomadaires, les journaux quotidiens accusent aujourd'hui Internet et les publications imprimées offertes gratuitement. Comment ne seraient-ils pas tentés d'invoquer la vision idéalisée de leur âge d'or, afin de mieux défendre leur position menacée sur le marché de l'information ? Comment pourraient-ils ne pas être tentés de convoquer Hegel et Sauvy, au premier rang parmi d'autres, pour témoigner de leur éminence, appelant ainsi à leur secours tous ceux qui se réclament de la démocratie ? Pourquoi renonceraient-ils à dire

Les quinze premiers quotidiens dans le monde

Rang	*Titre*	*Pays*	*Diffusion (par milliers)*
1	*Yomiuri Shimbun*	Japon	10 025
2	*The Asahi Shimbun*	Japon	8 088
3	*Mainichi Shimbun*	Japon	3 966
4	*Bild*	Allemagne	3 716
5	*Cankao Xiaoxi*	Chine	3 163
6	*The Sun*	Grande-Bretagne	3 073
7	*The Nikkei*	Japon	3 042
8	*People's Daily*	Chine	2 770
9	*Chunichi Shimbun*	Japon	2 758
10	*The Times of India*	Inde	2 542
11	*Tokyo Sports*	Japon	2 425
12	*The Chosun Ilbo*	République de Corée	2 380
13	*The Daily Mail*	Grande-Bretagne	2 295
14	*USA Today*	États-Unis	2 273
15	*Joong Ang Ilbo*	République de Corée	2 200

Source : *World Press Trends,* 2007, WAN.

La presse quotidienne payante dans le monde en 2007
(nombre d'exemplaires pour 1 000 habitants)
(diffusion moyenne / population adulte)

Japon	630,9
Norvège	601,2
Finlande	514,7
Suède	466,2
Émirats arabes unis	409,4
République de Corée	404,6
Suisse	370,5
Venezuela	362,1
Autriche	340,7
Hong-Kong	337,3
Royaume-Uni	335,4
Singapour	321,6
Allemagne	297,9
Danemark	287,3
Pays-Bas	287,0
Grèce	282,0
Irlande	245,2
Koweit	243,5
Estonie	241,7
États-Unis	241,2
Taiwan	232,4
Nouvelle-Zélande	224,1
Malaisie	210,8
Slovénie	203,8
Cuba	195,5
République tchèque	195,5
Lituanie	194,7
Australie	178,7
Canada	169,5
Turquie	167,4
Thaïlande	166,9
Belgique	163,4
Lettonie	163,1
France	**155,8**

Source : *World Press Trends,* 2007, WAN.

qu'ils appartiennent à des entreprises qui ne sont pas « comme les autres », justifiant ainsi des protections ou des bienveillances parfois injustifiées et souvent compromettantes ?

L'avenir des quotidiens, en réalité, n'est écrit nulle part. Leur survie, souhaitable, ne dépend que d'eux : plutôt que de se demander ce qu'on pourrait faire pour eux, les quotidiens, assurément, feraient mieux de se demander ce qu'ils devraient faire pour nous, qui sommes plus désireux que jamais d'informations, de plus en plus conscients de l'importance de l'information pour agir, pour vivre et pour penser.

Pour sauver la presse quotidienne, point n'est besoin de réinventer le journalisme : il suffit de revenir à la raison d'être que lui ont trouvé, au beau milieu du XIXe siècle, les premiers grands quotidiens d'information qui se voulaient indépendants. La presse ne pourra pourtant pas s'épargner un effort d'imagination, ni échapper à quelques révisions déchirantes. La presse quotidienne généraliste, qu'elle soit nationale ou régionale, devra notamment s'interroger sur les différentes composantes de cette « information générale et politique » dont elle a perdu le monopole après en avoir inventé le contenu et tracé les contours.

Chapitre II

LE CINÉMA

À ses débuts, à l'époque des frères Lumière, le cinéma est une technique. Mais, très vite, l'Europe a fait du média de l'image une industrie, avant que les États-Unis ne construisent, à Hollywood, les usines du plus grand divertissement de masse du XXe siècle. À l'aube du XXIe siècle, la télévision, le DVD et le Web ouvrent au septième art de nouvelles perspectives.

I. – Du muet au « parlant et chantant »

Évoquant le centenaire de la naissance du cinéma, le producteur français Daniel Toscan du Plantier affirmait, en 1995 : « [Il] est né le jour où les frères Lumière ont fait payer aux gens, sur un trottoir, le droit de regarder un film dans une salle obscure. » Par convention, l'événement marque la naissance du deuxième média de masse, après la presse : le 28 décembre 1895, dans le salon indien du *Grand Café* – rebaptisé *Café de la Paix* –, à Paris, les Lumière proposent la première séance payante et publique de « cinématographe », comprenant un programme d'actualités *(La sortie des usines Lumière)*, des scènes familiales et des saynètes *(L'arroseur arrosé)*. Plusieurs inventions ont précédé cet avènement : le cylindre de Joseph Plateau, en 1832, dénommé phénakistiscope, qui donnait l'illusion du mouvement, la photographie de Niepce et Daguerre, en 1839, qui remplaça les dessins, et le fusil photographique de Marey, en 1882, ancêtre de la caméra.

Le cinéma est d'abord un spectacle de foire, comparable au cirque. Il est au mieux une continuation, par d'autres moyens, du théâtre populaire. Mais il devient très vite une industrie et un « mass media », se consacrant dans un premier temps aux « actualités », avant de « raconter des histoires », avec le Français Georges Méliès et les Américains Edwin Porter et David W. Griffith. Muet, le cinéma ignore les barrières de la langue et il intéresse, à en croire le producteur américain Wrangler, « aussi bien les enfants de 8 ans que les vieillards de 80 ans ».

En moins de vingt ans, après 1900, le nouveau média devient une véritable industrie : avec ses salles d'exploitation – comme les célèbres *Nickelodeon* américains, dont l'accès coûte précisément 5 centimes en nickel –, ses producteurs et ses techniciens, ses stars. Avec, surtout, des spectateurs toujours plus nombreux, toutes classes sociales confondues. En 1910, les États-Unis totalisent plus de 10 000 salles, alors que la France, pays natal du cinéma, en compte moins de 3 000. En 1914, les Américains produisent déjà 20 fois plus de films que les Français : Georges Méliès et Charles Pathé sont contraints d'adhérer au trust américain Edison, dès 1908.

II. – Le cinéma : les grandes dates

1895 Auguste et Louis Lumière déposent le brevet du cinématographe et tournent leurs premiers films, *La sortie des usines Lumière* et *L'arrivée d'un train en gare de La Ciotat*. Le 28 décembre a lieu la première projection publique au *Grand Café,* avec notamment le tout premier gag du cinéma, *L'arroseur arrosé.*

1927 Premier film parlant et chantant, *Le chanteur de jazz*, produit par les frères Warner.

1938 Invention du Technicolor.

1953 Réalisation de *The Robe*, premier film en Cinémascope, procédé inventé en 1928 par Henri Chrétien, dont le brevet a été racheté par la 20th Century Fox.

1995 Premier film réalisé entièrement en images de synthèse, *Toy Story*, de l'Américain John Lasseter, produit par Disney.

2000 Lars Van Trier tourne pour la première fois un film, *Dancer in the dark*, avec une caméra numérique.

2004 Robert Zemeckis utilise pour la première fois la « performance capture », pour le film d'animation *Pôle Express*, technique permettant de suivre et de reproduire, grâce à des capteurs, les mouvements du corps, y compris ceux du visage, d'un acteur.

2005 *Saraband,* du Suédois Ingmar Bergman, est le premier film numérique haute définition.

2008 Sortie, aux États-Unis et en Europe, du long métrage *Voyage au centre de la terre* d'Éric Brevig : première fiction au monde réalisée en 3D numérique, avec prises de vue en images réelles, en relief.

Après *Titanic,* de James Cameron, *Bienvenue chez les Ch'tis,* de Dany Boon, est le film le plus vu en France, avec 20,5 millions d'entrées.

Astérix aux Jeux olympiques, avec 78 millions d'euros, est le film le plus cher du cinéma français.

III. – L'usine à rêves

Quelques années avant la sortie, en 1927, du premier film « parlant et chantant », *Le chanteur de jazz*, les États-Unis ont déjà fait de la technique du cinématographe une industrie organisée, partie à la conquête d'un marché mondial. En 1915, quand le trust Edison est déclaré illégal par la cour de justice d'un État fédéré, les sept « majors » d'Hollywood – les quatre grandes : Fox, Paramount, Warner et Metro Goldwin Mayer, et les trois « mineures » : Columbia, Universal et United Artists – sont sur le point d'appliquer à la production et à la réalisation des films les règles sacro-saintes du monde industriel.

Devenu « parlant », le cinéma perd, selon André Akoun, « ce caractère de grand-messe populaire qui était le sien entre 1900 et 1929 ». Chacun des pays qui se sont lancés les premiers dans l'aventure mesure d'autant mieux l'importance du nouveau média pour défendre et illustrer sa culture ou sa politique. Dès 1920, les Américains commencent par écarter les films étrangers de leurs 25 000 salles de cinéma. Ensuite, ils augmentent très sensiblement les budgets de chaque film : d'une moyenne de 40 000 à 60 000 dollars en 1920, on passe, en 1930, à 200 000, et parfois davantage. Notons qu'une bonne part va, déjà, à la promotion publicitaire. Enfin, Hollywood se nourrit des cinémas étrangers, en position de faiblesse : l'expressionnisme allemand, l'avant-garde soviétique ou le surréalisme français.

Entre 1935 et 1950, l'usine à rêves repose sur deux piliers, édifiés partout en référence au modèle hollywoodien : le *star system* et le *studio system*. En même temps qu'elle garantit, presque à coup sûr, le succès d'un film, la star permet tous les jeux de l'identification. C'est ce que souligne André Akoun, pour illustrer le mélange de la fiction avec la réalité : « L'adolescent qui s'appuie négligemment sur sa moto, l'homme qui joue à faire danser un glaçon dans son whisky (...), la jeune fille qui repousse des avances (...) sont-ils autre chose que les ombres portées (de) Mary Pickford, Lilian Gish (...) Greta Garbo (...) Humphrey Bogart ou Marlon Brando ? » On le voit, le cinéma donne forme aux désirs de chacun.

Jouer sur le bovarysme des spectateurs n'empêche guère le cinéma de se concentrer et de se hiérarchiser toujours davantage. En 1940, les majors réalisent près de 90 % du chiffre d'affaires d'Hollywood et possédaient plus de 4 000 salles. Les Européens obéissent pareillement aux lois du *studio system* : en France, Pathé et Gaumont monopolisent quasiment la production ; en Allemagne, l'État veille au contrôle de l'industrie cinématographique par un groupe restreint de producteurs ; en Italie, Mussolini inaugure les studios de Cinecittà (1937) et contrôle la production dans sa totalité.

Principaux indicateurs du cinéma dans le monde en 2008

	Allemagne	*Espagne* [2]	*France* [2]	*Italie* [2]	*Royaume-Uni*	*États-Unis*	*Japon*
Nombre d'écrans	4 810	4 140	5 418	3 141 [1]	3 610	40 194	3 359
Longs métrages produits	125	173	240	154	111 [3]	520	418
Entrées (millions)	129,4	107,8	189,7	111,6	164,2	1 364	160,5
Part de marché du film national (% des recettes)	26,6	13,3	45,3	28,9	31,0 [1]	94,5 [1]	59,5
Part de marché du film américain (% des recettes)	73,2 [1]	71,5	44,7	60,2	67,7 [1]	—	—

(1) Données 2007.
(2) Chiffres provisoires.
(3) Y compris les films à financement américain.

Source : d'après CNC, *Bilan 2008*, mai 2009.

IV. – Le film : produit, moyen de propagande ou œuvre de création ?

A girl and a gun (une fille et un pistolet) : telle est, selon les Américains, la clef du succès d'un film. À côté des grandes productions, depuis *Les Dix Commandements* de 1956 jusqu'à *Harry Potter*, on trouve des films moins coûteux, depuis ceux qui étaient programmés, à l'époque où la télévision n'existait pas encore, avant le grand film, comme « deuxième spectacle » – les *B movies*, ou séries B –, jusqu'aux téléfilms ou les séries pour le petit écran.

L'usine à rêves d'Hollywood est présentée par certains comme le cheval de Troie de la culture américaine et des entreprises d'outre-Atlantique. Ce sont les mêmes qui, souvent, préfèrent oublier cet avertissement lancé par Lénine en 1922 : « De tous les arts, le cinéma est le plus important pour la Russie. » Ou bien encore, celui de Staline, plus explicite, en 1924 : « Le cinéma est le plus grand moyen d'agitation des masses. »

À l'occasion des négociations du plan Marshall, les négociateurs américains obtiennent des Français qu'ils allègent les restrictions à l'importation des films d'Hollywood. L'accord Blum-Byrnes de 1946 annule ainsi le décret Herriot : aux quotas d'importation, il substitue un quota « écran », lequel réserve quatre semaines par trimestre aux films français. L'année suivante, l'occupation des écrans par des films français tombe de 50 à 30 %. Fin 1948, le quota « écran » passe de quatre à cinq semaines, et les quotas d'importation sont rétablis : sur 186 films autorisés à entrer en France, 121 proviennent des États-Unis. Créé en 1946, le Centre national de la cinématographie (CNC) apporte son soutien aux films français. Il assure notamment le réinvestissement dans la production nationale d'une partie des recettes enregistrées en France par les films étrangers.

L'arrivée de la télévision, après 1950, bouleverse l'économie du cinéma, partout dans le monde. Le septième art, comme René Clair l'avait appelé, devient le navire amiral d'une flotte comprenant, parmi ses vaisseaux, les cassettes vidéo, les téléfilms et les œuvres multimédia, sur disques ou accessibles sur Internet.

Loin de le condamner à disparaître, la télévision sauve le cinéma. Elle lui donne un deuxième souffle, en l'invitant à innover, dans les années 1950, sous la férule de nouveaux réalisateurs, en Italie, en France, mais aussi aux États-Unis. Elle lui ouvre des débouchés inattendus et toujours plus nombreux : les films captent les grandes audiences, sur les chaînes généralistes comme sur les chaînes à péage (Canal +

ou TPS). Elle participe toujours davantage à son financement, en l'assurant de surcroît de ses promotions et de ses œuvres dérivées. Le cinéma demeure la pierre angulaire de ce qu'il a inventé : le divertissement de masse.

En conséquence, aucun État ne s'interdit d'intervenir pour aider ou promouvoir le cinéma, voire pour en contrôler les contenus. Certes, les modalités de cette intervention varient considérablement : depuis les quotas de diffusion pour les chaînes françaises de télévision, les obligations de production qui leur sont imposées, jusqu'aux avances sur recettes, en passant par la chronologie des exploitations (en salle d'abord, puis par les vidéoclubs, enfin par les chaînes). Du reste, l'écart entre les actes et les discours est plus considérable encore, lorsqu'il s'agit de justifier ou de camoufler les subventions ou les contrôles divers. L'invocation de l'« exception culturelle » vise à soustraire le secteur « audiovisuel », et notamment le cinéma, à l'application générale et inconditionnelle des règles du marché et du commerce international. Le cinéma peut-il, ou doit-il, échapper à l'application du principe de libre-échange prévu par l'Organisation mondiale du commerce (OMC), successeur, en 1994, du GATT (General Agreement on Tariffs and Trade, accord général sur les tarifs douaniers et le commerce) ?

Pour justifier les interventions de l'État dans le cinéma, André Malraux, ministre français de la Culture entre 1958 et 1969, lançait déjà cet avertissement en forme de constat : « C'est un art, mais c'est aussi une industrie. » Alors que le cinéma fut d'abord une technique, certaines de ses œuvres sont aujourd'hui offertes sur un marché unique, à l'échelle du monde. C'est prendre un grand risque que de le présenter comme une marchandise simplement « différente des autres ». Le cinéma est avant tout une « œuvre de l'esprit », pour parler comme les juristes, une œuvre de divertissement ou de culture.

Palmarès du marché français de 1945 à 2008

Rang	*Titre*	*Réalisateur*	*Année de sortie*	*Nationalité*	*Entrées (millions)*
1	*Titanic*	J. Cameron	1998	États-Unis	20,63
2	*Bienvenue chez les Ch'tis*	D. Boon	2008	France	20,36
3	*La Grande Vadrouille*	G. Oury	1966	France, Grande-Bretagne	17,27
4	*Autant en emporte le vent*	V. Fleming	1950	États-Unis	16,72
5	*Il était une fois dans l'Ouest*	S. Leone	1969	Italie	15,29
6	*Le Livre de la jungle*	W. Reitherman	1968	États-Unis	14,70
7	*Les 101 Dalmatiens*	W. Disney	1961	États-Unis	14,68
8	*Astérix et Obélix : mission Cléopâtre*	A. Chabat	2002	France	14,39
9	*Les Dix Commandements*	C. B. DeMille	1956	États-Unis	14,24
10	*Ben Hur*	W. Wyler	1960	États-Unis	13,85

Source : d'après CNC, *Bilan 2008,* mai 2009.

Chapitre III

LA RADIO

Si la radio ne peut se prévaloir d'aucune invention – ni pour l'information, ni pour le divertissement –, elle n'en a pas moins changé les règles du jeu en ces domaines. Son aventure est mêlée, jusqu'en 1945, aux barbaries du siècle. C'est contre elle que le chef d'accusation de propagande a été retenu. À partir de cette date, ses démêlés avec le pouvoir – depuis les radios périphériques, simplement tolérées, jusqu'aux radios locales, enfin légalisées, en passant par les radios « libres », « sauvages » ou « pirates » – indiquent, à tous les médias, les chemins de la liberté. Pourquoi des règles à ce point différentes pour la radio (ou la télévision) de celles qui ont prévalu pour la presse imprimée ? Pourquoi ce qui est bon pour la presse – la concurrence, les entrepreneurs privés – serait-il pervers pour la radio ?

I. – La radio comme signe distinctif

Le piano et la photo sont les signes distinctifs d'une bourgeoisie naissante. Le piano permet à la musique de sortir du cercle étroit de l'aristocratie ; la photo, quant à elle, remplace le portrait sur les murs des nouveaux privilégiés. Ensemble, ils ouvrent la voie aux médias « audiovisuels » qui dominent le XXe siècle. La radio – ou radiodiffusion sonore – est leur chef de file, bien avant le cinéma.

En mars 1899, Guglielmo Marconi transmet des messages sonores par la voie des ondes hertziennes, depuis Douvres, en Angleterre, jusqu'à Vimereux, en France. Ayant réussi, trois ans plus tôt, semblable transmission sur 3 km, il avait déjà déposé le brevet de la télégraphie sans fil, la TSF. En 1898, Eugène Ducretet réalise le même exploit, à Paris, entre la tour Eiffel et le Panthéon. La TSF est au confluent de découvertes antérieures : les lois de Maxwell sur l'électromagnétisme (1864), la transmission d'ondes radioélectriques (Hertz, 1887).

C'est seulement pendant la Première Guerre mondiale que la radio entre dans l'histoire en tant que média : en novembre 1917, une radio annonce depuis le croiseur *Aurore* que le soviet de Petrograd prend la tête de la résistance au gouvernement légal. Ce dernier avait fait briser, quelques heures seulement auparavant, les machines imprimant les journaux qui lui étaient restés fidèles. En battant la presse sur son propre terrain, la radio s'illustre là où personne ne l'attendait : ne devait-elle pas seulement permettre à des militaires engagés dans le conflit de s'échanger des messages, à l'abri des oreilles indiscrètes ? Son histoire s'apparente sur ce point à celle du téléphone, dont on pensait qu'il servirait uniquement à écouter, chez soi, de l'opéra ou du théâtre.

En quelques années, la radio devient le premier média du son accessible à tous : elle est aux messages sonores ce que la presse et le cinéma sont déjà, respectivement, à l'écrit et à l'image. En 1920, les 50 000 récepteurs américains peuvent suivre, pour la première fois, une campagne présidentielle à la radio. En novembre 1921, le premier journal radiophonique est diffusé depuis la tour Eiffel. Une semaine plus tard, la BBC (British Broadcasting Corporation) est créée et la concession publique la place en position de monopole. En 1922, l'État français réaffirme par une loi de finances son monopole sur les ondes, mais concède en Conseil des ministres des autorisations précaires et révocables à des postes privés. Radiola peut ainsi s'installer à Levallois-Perret.

La radio s'impose entre 1918 et 1925. « La grande route des sons », pour reprendre la définition qu'en donnait David Sarnoff, fondateur de la National Broadcasting Corporation (NBC), est un média radicalement nouveau. Au téléphone, il emprunte une ubiquité parfaite : les messages sont reçus à l'instant même où ils sont émis, sans aucun délai. En outre, ces derniers atteignent instantanément tous les membres d'une population dispersée, qu'ils se trouvent chez eux ou ailleurs, qu'ils soient seuls ou rassemblés. Enfin, la radio remplit une fonction intermédiaire entre l'édition et la poste ou le téléphone. D'un côté, elle produit des messages qu'elle offre à un public libre de ne pas les recevoir ; de l'autre, elle donne à tous, à tout instant, la possibilité de « se mettre sur la longueur d'onde ».

II. – La radio : les grandes dates

1896 Guglielmo Marconi dépose le premier brevet de télégraphie sans fil (TSF), en Grande-Bretagne.

1917 La révolution russe est annoncée au monde par TSF.

1922 Création de la première station privée, « Radiola », par Émile Girardeau.

1935 Mise au point de la modulation de fréquence par Edwin H. Armstrong.
Lancement en France de *Radio-Cité*, par Marcel Bleustein-Blanchet.

1940 Appel du général de Gaulle à la BBC, le 18 juin : « La flamme de la résistance ne doit pas s'éteindre et ne s'éteindra pas. »

1947 Trois physiciens américains de la Bell Telephone inventent le transistor, moins encombrant et plus performant que les lampes radio.

1990 Lancement, aux États-Unis, de la radio tout-numérique, le *Digital Audio Broadcasting* (DAB), plus économe des fréquences et de meilleure qualité sonore que la radio analogique.

2003 La *Digital Radio Mondiale* (DRM), moins coûteuse, utilisant des fréquences AM nationales ou des ondes courtes internationales, est adoptée par l'Union internationale des télécommunications (UIT), en complément du DAB.

2010 Après les États-Unis, l'Asie et, en Europe, l'Allemagne et la Grande-Bretagne, la France lance à son tour la radio numérique terrestre (RNT).

III. – La radio et le pouvoir

La radio est le premier média, dans l'histoire, capable d'atteindre en direct une audience dispersée et nombreuse. Ni la presse ni le cinéma ne sont des médias de diffusion : avec la radio, le direct remplace le différé, l'immédiateté supplante la médiation, l'immatérialité des ondes marque sa puissance, comparée à la matérialité du papier journal ou à celle de la salle de cinéma. Léon Plouvier, évoquant ses souvenirs de directeur de Radio-PTT-Nord, raconte, dans ses *Mémoires* : « On se hâtait de rentrer chez soi pour ne rien perdre de ces soirées. Plus de haltes dans les cabarets, plus de parties de cartes en face d'une canette. À tel point que le Syndicat des débitants de boissons intervint à la mairie pour nous faire supprimer. »

Les atouts de la radio n'échappent guère au pouvoir politique. Les dirigeants de l'Union soviétique, dès sa naissance, en 1917, font de ce média un moyen pour propager leur bonne parole : en 1929, Radio-Moscou diffuse des programmes réguliers en plusieurs langues à destination des étrangers. Quelques années plus tard, Goebbels recommande à ses concitoyens d'ouvrir leurs fenêtres afin de permettre à la radio de faire entendre à tous la pensée nazie. En assimilant l'impact de ce média à un véritable conditionnement, selon le schéma de Pavlov, Serge Tchakhotine pourra évoquer, dans un livre célèbre de 1939, le « viol des foules par la propagande politique ».

Les États-Unis et la Grande-Bretagne se distinguent, tout au long de l'entre-deux-guerres, en adoptant pour la radio des formes d'organisation et des modes de financement qui tranchent avec ceux de la presse ou du cinéma. Tandis que la Grande-Bretagne invente la redevance, permettant ainsi à la BBC, érigée en monopole, de vivre sans le secours de la publicité, les États-Unis alignent dans la mesure du possible le régime de la radio sur celui de la presse. Après une période d'incertitude, il est décidé, en 1927, que c'est une agence fédérale, la Federal Radio Commission (FRC), devenue en 1934 la Federal Communications Commission (FCC), qui accordera aux stations leur autorisation d'émettre ou, en d'autres termes, le droit d'utiliser ce bien rare que constitue le domaine « public » des ondes hertziennes.

En Europe, la plupart des pays choisissent, dans l'entre-deux-guerres, une troisième voie entre la libre concurrence à l'américaine et le monopole public à l'anglaise. En France, de nombreuses stations privées sont créées, profitant de la brèche ouverte en 1922 par *Radiola*. En outre, en 1927, le gouvernement met en place, au sein du ministère des PTT, une direction de la radiodiffusion. Et, en 1933, le Poste national, ancêtre de l'actuelle Radio France, est ouvert, tandis qu'une redevance est instituée.

Toutes les concessions accordées aux stations privées sont annulées par ordonnance, en mars 1945, quelques mois seulement avant la création, par décret, de la RTF (Radiodiffusion-Télévision française), laquelle est érigée en monopole. La station luxembourgeoise, qui deviendra RTL en 1956, constitue alors la seule exception : financée par la publicité, elle conquiert rapidement une audience très large. En 1955, Europe 1, qui émet depuis la Sarre, en Allemagne, donne la priorité à ses bulletins d'information, lus par une voix volontairement neutre. Mais c'est seulement en 1982 que le monopole de la radio est légalement abrogé. À une floraison incontrôlée de radios pirates ou libres succèdent, sur la bande FM, près de 1 500 stations, autorisées par la Haute Autorité de l'audiovisuel, ancêtre du Conseil supérieur de l'audiovisuel (CSA), équivalent français de la FCC aux États-Unis.

IV. – Les audiences particulières

Dès les années 1950, la télévision vole la vedette à la radio. Partout, elle fait un triomphe. C'est pourtant la radio qui, depuis sa naissance, a frayé le chemin pour les grands médias du XXe siècle, la télévision et les multimédias. Marshall McLuhan soulignait en 1964 dans *Pour comprendre les médias*, les atouts particuliers de la radio : « [Elle] touche les gens dans leur intimité. C'est une relation de personne à personne, qui ouvre tout un monde de communication tacite entre l'auteur-speaker et l'auditeur. C'est là le côté direct de la radio. (...) Des profondeurs subliminales de la radio surgit l'écho résonnant des trompes tribales et des tambours antiques. »

À côté du cinéma, la radio indique le chemin à la télévision. C'est avec la radio que naissent les institutions qui accueilleront la télévision dès ses premiers pas : la BBC, le Columbia Broadcasting System (CBS) ou la RTF. C'est également la radio qui invente, pour les médias futurs, de nouveaux programmes susceptibles de « plaire et séduire » les audiences les plus étendues et les plus diverses. Elle innove, après 1945, avec des émissions originales dont les fleurons se nomment, en France : *On chante dans mon quartier, Reine d'un jour, La famille Duraton*. Dans les années 1950, elle « amène les journalistes au micro », pour reprendre l'expression de Louis Merlin, ancien directeur d'Europe 1.

Après 1960, la radio donne aux autres médias la clef de la croissance : la diversification des programmes. Malgré cela, l'arrivée des transistors, en 1959-1960, passe inaperçue aux yeux des observateurs professionnels. Pourtant, c'est la miniaturisation des récepteurs et leur autonomie enfin conquise grâce à cette technique qui inaugura la segmentation des audiences, la « démassification » des « mass media ». Des émissions comme *Salut les copains* ou les interventions à la radio du général de Gaulle, pendant la guerre d'Algérie, annoncent cette ère nouvelle : celle des publics ciblés et homogènes, ou des thèmes bien circonscrits, moins fédérateurs mais plus attractifs.

Moins de vingt ans plus tard, avec la bande FM, la radio va jusqu'au bout de cette logique. Les programmes se multiplient tandis que les audiences visées deviennent plus étroites : les jeunes, les mélomanes, les amateurs de jazz... La radio offre la possibilité à certaines communautés ou à certaines « tribus » sociales de s'affirmer, de s'afficher, voire de prendre conscience de leur propre existence. Aujourd'hui, le numérique permet à la radio de poursuivre sa progression dans la voie des audiences particulières. Chemin faisant, ce média se banalise, par l'usage et par l'usure.

Chapitre IV

LA TÉLÉVISION

Aucun média n'aura autant marqué le XXe siècle que la télévision. Ni la presse, à laquelle elle emprunte ses professionnels pour ses premiers journaux télévisés. Ni le cinéma, ni la radio, sur les brisées desquels elle marcha sans vergogne, pour remplir ses écrans et conquérir ses audiences. Entre 1950 et 2000, son aventure est mêlée aux progrès de la technique et aux combats pour la liberté d'expression. « Fenêtre sur le monde », grâce aux câbles et aux satellites, la « néotélé » est toujours plus abondante, plus diverse, à la fois locale, régionale et planétaire. Sans nul doute son influence est-elle considérable, même si elle est moins grande sur les élections que sur le climat d'opinion et l'état du monde. Est-elle pour autant un art, comme le cinéma ? Peut-elle égaler la presse, sur le terrain de l'information ?

I. – La télévision, de 1950 à 2000

Le mot « télévision » a existé avant la chose qu'il signifie. Utilisé pour la première fois à l'occasion de l'Exposition universelle de Paris, il désigne d'abord la transmission à distance d'images animées et sonorisées. La découverte de cette technique remonte à 1923. L'image transmise grâce aux ondes hertziennes par le Britannique John Logie Baird ne comporte que 16 lignes. Les premiers essais sont concluants, d'abord aux États-Unis, en 1928, puis en France, trois ans plus tard, grâce à René Barthelemy et Henri de France. La première émission officielle est diffusée depuis la tour Eiffel en 180 lignes le 25 avril 1935, à 20 h 15.

L'Angleterre lance son premier programme officiel en 1936. En 1939, l'émetteur de la tour Eiffel transmet quinze heures de programmes par semaine, en 455 lignes. Enfin, en 1949, les 1 500 téléviseurs en service dans la région parisienne reçoivent le journal télévisé deux fois par jour en 819 lignes.

L'histoire de la télévision commence seulement au milieu du siècle. Dès 1948, la FCC autorise l'ouverture de plus de 100 stations. En se syndiquant, la majorité d'entre elles donnent naissance aux futurs réseaux – les *networks* – CBS, NBC et ABC (American Broadcasting Company). En France, les premières ventes massives de téléviseurs coïncident avec la retransmission, depuis Londres, le 2 juin 1952, du couronnement de la reine Elisabeth II. Déjà, les producteurs du cinéma et les responsables de théâtres s'inquiètent pour l'avenir, face à une concurrence à leurs yeux redoutable. En 1960, John F. Kennedy est élu président des États-Unis. Unanimes ou presque, les journalistes et les politiques attribuent son élection à ses prestations télévisées. Désormais, la télévision est censée déterminer les élections, faire et défaire les réputations.

En moins d'une décennie, la télévision est devenue un « mass media ». Curiosité technique avant 1950, elle a conquis le plus grand nombre. Elle impose ses règles dans les domaines de l'information, du divertissement et de l'animation. Dans les pays les plus développés, elle obéit aux lois des oligopoles. Deux ou trois chaînes sont en situation de concurrence, alors même que subsiste le monopole public sur les ondes et les programmes. En France, la deuxième et la troisième chaîne sont inaugurées, respectivement en 1964 et en 1972.

La naissance, aux États-Unis, de *Home Box Office* (HBO), en 1975, marque l'entrée de la télévision dans son deuxième âge. Accessible par des câbles coaxiaux et non plus par les traditionnelles ondes hertziennes, relayée d'est en ouest grâce à des satellites, la nouvelle chaîne, payante, diffuse seulement des films de cinéma. Inattendue, la nouveauté est double :

d'un côté, la télévision abandonne le système du « tiers payant », puisque le téléspectateur souscrit directement un abonnement auprès du diffuseur ; de l'autre, elle brise le carcan de la rareté hertzienne pour entrer dans l'ère de l'abondance et de la diversité, avec un quinté gagnant qui comprend le cinéma, le sport, l'information, la musique et les programmes pour les enfants. De plus en plus nombreuses, les chaînes dites « thématiques » ou spécialisées apparaissent bientôt comme des compléments heureux ou indispensables aux chaînes généralistes, plutôt que des suppléments facultatifs et superflus.

À la faveur du numérique – c'est-à-dire la traduction des sons et des images dans le langage de l'informatique, fait d'une succession de 0 et de 1 –, la télévision entre dans son troisième âge, quelques années avant la fin du siècle. Déjà, la famille des disques compacts s'est considérablement agrandie : depuis les CD audio jusqu'aux DVD-Vidéo ou Rom, en passant par les CD-Rom. Les sons, les images, mais aussi les textes et les graphiques sont maintenant accessibles, sur simple demande, à partir du téléviseur familial. Avec la télévision numérique par satellite – *DirecTV* –, inaugurée aux États-Unis en 1994, l'interactivité ouvre de nouvelles perspectives à la télévision. Tout est soudain accessible grâce au téléviseur : des films, des informations, mais aussi des services jusqu'ici réservés à l'ordinateur. Ainsi, après l'abondance – les 20, 100 ou 500 chaînes –, la télévision découvre-t-elle l'interactivité peu avant l'an 2000. C'est le téléspectateur qui donne désormais rendez-vous à la télévision.

II. – La télévision : les grandes dates

1936 Retransmission des Jeux olympiques de Berlin, dans les grandes villes d'Allemagne.

1948 Arrivée du Tour de France retransmis en direct grâce à deux caméras.

1949 Premier journal télévisé en France.

1952 Premier direct international, à l'occasion du couronnement de la reine Elisabeth II.

1953 Adoption, aux États-Unis, du premier standard couleur au monde : NTSC (National Television System Committee).

1975 La chaîne publique japonaise NHK présente les premières images de télévision haute définition.

1994 Lancement, aux États-Unis, de *DirecTV*, le premier bouquet de télévision numérique par satellite.

1998 Lancement, aux États-Unis, du premier enregistreur avec disque dur baptisé TiVo, permettant notamment de visionner un programme de télévision en léger différé.

2005 Lancement, en France, de la télévision numérique terrestre (TNT).

2008 Après le Japon dans les années 1970, suivi par les États-Unis et la Corée du Sud, la France est le premier pays européen à lancer des chaînes de télévision en haute définition par la voie hertzienne terrestre.

2009 Première étape de la diffusion hertzienne numérique, en vue de l'extinction de la diffusion analogique, en France, le 30 novembre 2011. (5 janvier) Suppression de la publicité après 20 heures sur les chaînes de service public en France.

En juin, extinction de la diffusion analogique et passage au numérique des 974 chaînes hertziennes aux États-Unis.

2011 Suppression totale de la publicité programmée pour toutes les chaînes du secteur public en France.

III. – Publics ou privés : des statuts divers et contestés

À quelles règles les diffuseurs sont-ils contraints d'obéir ? Quel est leur mode de fonctionnement ? Ils sont nombreux et divers : publics ou privés, locaux ou planétaires, généralistes ou thématiques, gratuits ou payants, conventionnels ou interactifs, hertziens, par câble ou satellitaires... Pareille diversité décourage toute tentative de classification. Trois questions permettent néanmoins, non d'établir une typologie des régimes applicables aux diffuseurs de télévision, mais de déterminer les critères qui les distinguent les uns des autres.

1 / Qui est à l'origine de la création des entreprises qui proposent des programmes de télévision au public ? L'État ? Des entreprises privées ? Des sociétés de droit privé à capitaux publics ? Des associations ? Toutes les formules existent depuis les origines de la télévision. Le schéma est réducteur qui oppose les monopoles publics à l'européenne aux diffuseurs privés, soumis, comme aux États-Unis, aux seules lois de la concurrence.

2 / Qui finance ces entreprises ? L'État ? Une redevance assimilée à une taxe parafiscale, comme en France ? Les annonceurs publicitaires ? Les téléspectateurs eux-mêmes, sous forme d'abonnement, comme pour Canal+, ou à la séance, pour certains films ou certains matches de football ? Ici encore, les diverses formules existent dans un nombre toujours plus élevé de pays.

3 / De quel degré de liberté les diffuseurs jouissent-ils pour établir leur grille ? Pour déterminer le contenu des différents programmes, qu'il s'agisse des fictions ou de l'information, du choix de l'origine des films ou de la finalité des autres programmes ? Pour ouvrir leur antenne à tous les courants d'opinion, aux différents partis politiques, aux diverses confessions ? Là aussi, les règles sont très diverses, tout comme les modalités de contrôle des diffuseurs et celles, éventuelles, des sanctions à leur encontre.

Dans ce contexte, seule l'analyse de l'histoire de la télévision dans les différents pays permet d'éviter le piège des comparaisons hâtives ou des rapprochements trompeurs. Pour ses homologues européens, la télévision américaine est apparue, dès ses débuts, à la fois comme un repoussoir et une source d'inspiration. À l'inverse des Américains, les Européens ont considéré qu'il ne fallait pas « abandonner » la télévision à l'initiative ou aux intérêts privés. Ils ont donc confié aux États le soin de mettre en place les organismes concernés. Vis-à-vis des monopoles qu'ils instituaient – la BBC, la RFT ou la RAI *(Radio Audizioni Italiana)* –, les États agissaient, selon des formules variées, comme législateurs, « réglementeurs », administrateurs, financiers ou gestionnaires. L'Europe a ainsi fait pour la télévision le choix inverse, non seulement de l'Amérique, mais également de celui qu'elle avait fait, elle-même, au XIXe siècle, pour la presse : les journaux y étaient fondés par des entrepreneurs privés, sans autorisation préalable.

L'histoire comparée des télévisions européennes met en lumière, pour les années 1970 et 1980, la fin des monopoles publics et l'essor des diffuseurs privés. Ce sont les progrès de la technique qui ouvrent les premières brèches dans les monopoles : la création d'une deuxième chaîne en 1964 en France, en 1969 en Suède, en 1972 en Italie ; l'entrée de la télévision dans son deuxième âge, grâce aux câbles et aux satellites, après 1975. Pourtant ces coups de boutoir n'avaient pas suffit. Non seulement ils n'avaient jamais conquis leur crédibilité sur le terrain de l'information, mais de plus leur monopole était soudain remis en cause. Pourquoi, s'interroge-t-on, ne pas étendre à la télévision les règles qui font de la presse un instrument de liberté ?

L'Italie donne l'exemple à l'Europe : deux arrêts de 1974 et 1976 prononcés par la Cour constitutionnelle frappent d'inconstitutionnalité le monopole d'État de la RAI. À la faveur de ces jugements, Silvio Berlusconi s'engage dans l'aventure de la télévision par câble, autour de Milan, avant de jeter des ponts hertziens pour ses programmes nationaux. Partout en Europe, l'ascension des diffuseurs privés est irrésistible : avec Canal+ en France fin 1984, suivi des premières versions de la 5 et de la 6 en 1985, Channel 4 en 1982 pour l'Angleterre et, pour l'Allemagne, Sat 1 et RTL-TV, en 1985.

Durée d'écoute TV quotidienne par individu en minutes

Pays	*2008*
États-Unis	277
Japon (Kanto)	268
Italie	234
Russie	228
Espagne	227
Royaume-Uni	225
Allemagne	207
France	**204**
Mexique	199
Suède	160

Source : Eurodata TV Worldwide / Relevant partners.

Toujours spectaculaire, l'essor des télévisions privées n'a pas obéi partout au même scénario. C'est par la loi du 29 juillet 1982 que la France abroge, au moins formellement, le monopole public de programmation. En d'autres termes, elle garantit le droit à des diffuseurs privés de proposer des chaînes de télévision, sous réserve d'autorisation préalable. C'est également par la loi que l'Espagne et la Grèce mettent fin au monopole, respectivement en 1988 et 1989. La Suède consent à l'arrivée d'une chaîne en suédois par le satellite luxembourgeois *Astra*, émise depuis Londres et financée par un milliardaire domicilié à New York. La Hollande donne son feu vert pour la réception de RTL4, via *Astra*, mais la loi en vigueur reste la même. Le Parlement helvétique, quant à lui, entrouvre la porte aux diffuseurs privés par une loi fédérale du 1er avril 1992.

IV. – Les procès d'intention

Aucun média, avant la télévision, n'avait inspiré autant de craintes. Là réside, sans doute, l'ultime explication de l'empilement des règles comme des tergiversations qui l'entourent. De la presse, Balzac disait déjà, en 1840, que, « si [elle] n'existait pas, il ne faudrait pas l'inventer ». Mais les procès à l'encontre de la télévision furent infiniment plus nombreux et retentissants après 1960. Jean Cazeneuve répertorie sept sujets d'interrogations « qui sont, aux yeux de beaucoup de nos contemporains, des motifs d'inculpation » : son indépendance relative, son goût pour le spectacle, sa démagogie, son appel à l'émotion, son mépris pour la culture, ses multiples violences et ses préférences pour le divertissement.

Si ce réquisitoire est, comme le souligne Jean Cazeneuve, très souvent injuste, il n'en désigne pas moins les questions soulevées par une opinion inquiète et, dans le même temps, les réponses que les gouvernants sont pressés de leur apporter. À quels principes les diffuseurs doivent-ils obéir ? Quelles limites faut-il imposer à leur liberté ?

L'inquiétude est déjà grande aux États-Unis avant la fin des années 1950. Les universitaires et les hommes du Congrès dénoncent le mélange, dans les mêmes émissions, de la publicité, de l'information et du *show-business*. Leur réquisitoire aboutit à la création, en 1967, d'un réseau public, le Public Broadcasting System (PBS), financé non par la publicité mais par des dons et soustrait du même coup à la tyrannie des sondages et de l'audience. Moins de quinze ans plus tard, les télévisions européennes se convertissent les unes après les autres à la formule américaine de la « régulation » par une agence indépendante. Le CSA, héritier en 1989 de la Haute Autorité de 1982, répond à ces mêmes préoccupations – ou à ces mêmes nécessités – qui ont présidé, aux États-Unis, à la création de la FRC en 1927 pour la radio et de la FCC, en 1934. Il s'agit de faire autrement un droit tout différent, le plus souvent contractuel et élaboré au nom de l'intérêt commun par des professionnels indépendants. Le but est ainsi d'établir une régulation d'un troisième type, intermédiaire entre celle des lois et des règlements, dont l'État est l'instrument ou l'agent, et celle du marché, dont les ajustements et la concurrence sont la règle d'or.

Faut-il parler de convergence entre des régimes jusque-là opposés par leurs principes fondateurs ? Beaucoup moins, sans doute, que d'emprunts réciproques, trop limités pour aboutir à des similitudes autres qu'apparentes. Mieux vaut interpréter les variations ou les incertitudes du droit comme étant l'expression de cette difficulté à relever les défis lancés à nos sociétés par la télévision, un « géant timide », pour reprendre l'expression de Marshall McLuhan.

France : équipement audiovisuel des foyers TV en 2009
(98,4 % des foyers français sont équipés d'un téléviseur)

	Foyers TV (en milliers)	*Foyers TV (en %)*	*Évolution 2007-2009 (en pts)*
Équipés TV	26 585	100	
Multi-équipés TV	14 454	54,4	+ 3,4
Équipés Magnétoscope	15 133	56,9	– 10,3
Équipés Lecteur DVD	23 721	89,2	+ 4,9
Équipés TV écran 16/9	13 401	50,4	+ 19,0
Équipés Home cinéma	3 458	13,0	+ 1,5
Équipés Console de jeux	11 269	42,4	+ 7,3
Réception TV ADSL	4 566	17,2	+ 9,5
Équipés Adaptateur TNT	15 454	58,1	+ 38,1

Source : La Référence des équipements multimédia, Médiamétrie, GFK, 2e trimestre 2009.

Chapitre V

INTERNET

Les services d'Internet permettent la restitution sur un même écran, celui d'un ordinateur, d'un téléviseur ou d'un téléphone, de documents différents – textes, graphiques, documents sonores, images, fixes ou animées, muettes ou sonorisées – auxquels il est possible d'accéder à son gré, par juxtaposition ou par superposition. Ce qui singularise ce moyen de communication, c'est tout à la fois le mélange qu'il opère entre des formes différentes d'expression, de représentation ou de communication et cette possibilité qu'il offre de « naviguer » à sa guise de l'une à l'autre, de « surfer », comme on le veut et quand on le veut, selon le mode du « pointer et cliquer ».

I. – Au commencement, la numérisation des signaux

Au tournant des années 1980, plusieurs innovations donnent le coup d'envoi d'une nouvelle aventure pour les médias et chacune trouve son origine dans une utilisation inédite de l'informatique. D'abord, lorsque celle-ci s'allie aux télécommunications pour donner naissance, peu avant 1980, à la télématique française avec le Minitel. Certes, la télé-informatique existait depuis longtemps et dans de nombreux pays. Dès le milieu des années 1960, les ordinateurs de vastes organisations – les banques, les compagnies d'assurances, les agences de tourisme – communiquent déjà les uns avec les autres grâce à des réseaux spécialisés de télécommunications. Mais la télématique va plus loin. Elle offre à tout le monde ce qui était jusque-là réservé à quelques-uns. Plus ou moins nombreux et divers, des services d'information sont ainsi « mis en ligne », accessibles sur demande, pour n'importe qui, « au bout des doigts ».

Lancée en 1979, la télématique à la française précède de peu la vente au public, dès 1981, aux États-Unis, des premiers ordinateurs personnels, les célèbres PC *(Personal Computer)*, fabriqués par IBM. C'est avec le lancement de son concurrent, en 1984, le célèbre Mac, d'utilisation plus facile, plus « conviviale », que la micro-informatique se répand auprès du « grand public ». L'ordinateur n'est plus seulement au bureau, il est également présent à la maison et à l'école. L'informatisation de la société, pour reprendre le titre d'un rapport remis au président de la République française par Simon Nora et Alain Minc en 1978, vient de franchir un pas décisif.

Tandis que Macintosh entame le quasi-monopole d'IBM, Philips et Sony se lancent, cette même année 1984, dans la commercialisation des disques compacts audio, les fameux CD. Quatre ans plus tard, on vend plus de CD, dans le monde, que de disques microsillons en vinyle. Jamais un standard n'en avait remplacé un autre en si peu d'années. Les sons et les images sont désormais traduits dans ce même langage numérique qui permet aux textes et aux graphiques de circuler d'un ordinateur à un autre, grâce au réseau du téléphone. Depuis, la famille des CD n'a pas cessé de s'agrandir : CD-Rom, 1985, avec des textes et des images fixes ; CD-RomXa, en 1988, avec, en outre, de la vidéo ; CD-Video, en 1992, pour lire les films sur un téléviseur, *Digital Versatile Disc* (DVD), enfin, en 1997, qui est un véritable CD à tout faire, connecté à un téléviseur ou à un ordinateur.

Les outils multimédias sont nés au confluent de ces trois innovations, chacune illustrant ce que l'on peut appeler la révolution numérique : l'alliance de l'informatique et des télécommunications ; la diffusion des ordinateurs individuels ; l'agrandissement de la famille des CD et le succès de chacun de ses représentants, depuis le CD audio jusqu'au DVD, en passant par le CD-Rom. Avant d'être en ligne, le multimédia a été hors ligne, mais, bientôt, la frontière s'estompa entre les deux, le terminal à écran ayant la possibilité de mélanger les informations accessibles par les réseaux avec celles qui sont issues de supports autonomes.

II. – Le numérique : les grandes dates

1973 Le Français Francis Gernelle invente le premier micro-ordinateur au monde : le Micral.

1981 Lancement de la télématique à la française, avec le Minitel.

1983 Commercialisation, en Europe, des CD audio.

1991 Création du standard de compression numérique audio MP3, Motion Picture Expert Group-Audio Layer 3.

1992 Ouverture, en Europe, du réseau numérique GSM *(Global System for Mobile)*, pour le téléphone mobile.

1994 Lancement, aux États-Unis, du bouquet numérique de télévision par satellite, *DirecTV*, avec des services interactifs.

1997 Lancement du DVD vidéo aux États-Unis par Philips.

1999 Le Français Jérôme Rota met au point le DivX, le « MP3 de la vidéo », format de compression vidéo.

2001 Lancement aux États-Unis du baladeur numérique *iPod* par Apple.

2008 Sony remporte la bataille des standards pour le DVD haute définition, avec le Blu-ray, contre le HD DVD de Toshiba (commercialisés tous les deux en 2006), grâce à l'étendue de son parc de lecteurs comparée à celle de son concurrent, ainsi qu'à l'intégration de son standard dans les consoles de jeux PS3.

III. – Internet et le multimédia

Avec le CD de 1984, la numérisation du son ne fait que commencer. L'un après l'autre, tous les maillons de la chaîne du son et de l'image adoptent le langage universel de l'informatique, depuis l'émission jusqu'à la réception. Ainsi, le numérique fédère les écrits, les sons, les images et les données sur les mêmes supports ou sur les mêmes vecteurs, sur des disques comme dans les réseaux de communication.

Sans le numérique – donc l'informatique, dont il est le langage –, le multimédia ne serait pas né. Pour le monde des médias, le bouleversement est double. D'un côté, une seule et même technique mélange pour la première fois des formes d'expression ou des catégories de signaux qui avaient chacune leurs médias attitrés : c'en est fini de la belle harmonie où l'écrit, l'image, le son et les données informatiques avaient chacun ses outils de prédilection. D'un autre côté, en les mélangeant sur les mêmes disques ou dans les mêmes « tuyaux », le numérique permet de passer d'une forme d'expression à une autre d'un simple clic de souris, et ce grâce à l'hypertexte et à l'hypermédia.

Pourtant, les CD-Rom et les CD-I (interactifs, lisibles par un téléviseur) ne constituent pour le multimédia qu'une préfiguration, qu'une sorte de bouillon, même s'ils représentent un changement radical pour nos usages et nos manières de penser. La révolution du multimédia ne se résume pas aux progrès du numérique, à la généralisation du langage informatique, à l'alliance désormais consommée entre l'informatique et tous les éditeurs de « contenus », jusque-là familiers des médias traditionnels que sont la presse, le cinéma, la radio ou la télévision.

Condition nécessaire de l'avènement du multimédia, le numérique ne pouvait suffire. C'est Internet, après 1992-1993, qui favorisera son essor, spectaculaire en même temps qu'il permettra d'en expérimenter les ressources et d'en imaginer les potentialités. Sans

Internet, le multimédia aurait donné naissance à des œuvres certes utiles, performantes et prometteuses – des encyclopédies enrichies de vidéo, des musées virtuels, des banques de données attractives, des catalogues superbement enjolivés et faciles d'accès –, mais ces réalisations n'auraient jamais été autre chose que les prolongements plus ou moins heureux des livres illustrés ou des jeux vidéo.

C'est seulement en 1992-1993 que les serveurs multimédias sont accessibles depuis n'importe quel ordinateur relié à Internet grâce aux liens hypertextes et hypermédias. Utilisé en 1989 par le Britannique Timothy Berners-Lee et le Belge Robert Caillau, l'un et l'autre du Centre européen de recherche nucléaire (CERN) de Genève, le procédé de consultation d'Internet donne naissance au World Wide Web – ou, plus simplement, Web –, la toile mondiale. Ce dont McLuhan avait rêvé au début des années 1960, le Web l'a réalisé, en 1992-1993, grâce à des logiciels de navigation comme *Mosaïc* : la possibilité d'accéder à distance, depuis son écran personnel, à toutes sortes de programmes ou de services multimédias, avec des textes, des paroles, de la musique et des images.

IV. – **Internet : les grandes dates**

1969 Ouverture du réseau ARPANet, ancêtre d'Internet, par l'Agence, créée en 1957, pour les projets de recherche avancée (ARPA) du ministère américain de la Défense, pour les besoins de l'Armée. Le réseau relie quatre universités américaines.

1973 Invention, par Vinton Cerf et Robert Kahn, des deux protocoles TCP/IP (Transmission Control Protocol over Internet Protocol), qui permettent aux ordinateurs de communiquer entre eux.

1989 Naissance du World Wide Web (www : la Toile), grâce à l'hypertexte inventé par Robert Cailliau et Tim Berners-Lee, du CERN de Genève (Centre européen de recherche nucléaire).

1993 La technologie ADSL (Asymmetrical Digital Subscriber Line) permet la transmission d'un signal vidéo par les lignes téléphoniques.

1994 Lancement de *Netscape Navigator*, premier logiciel gratuit de navigation sur le Net (*Mosaïc*, de 1993, était payant).

1998 Lancement du moteur de recherche *Google* par Sergey Brin et Larry Page.

2005 Tim O'Reilly baptise Web 2.0 l'ensemble des sites communautaires et participatifs du Web.

2007 Lancement commercial de l'Internet mobile, d'abord en Europe et en Asie du Nord, puis aux États-Unis, grâce à la conjonction, d'un côté, du haut débit (la 3 G) et, de l'autre, des téléphones portables multimédias dotés d'un écran tactile permettant l'affichage « fluide » des pages web (comme l'iPhone d'Apple) ou des clés USB-3G.

2008 La Chine dépasse les États-Unis par le nombre de ses internautes (228 millions contre 217). Mais 65 % des foyers américains ont accès à Internet, contre 15 % en Chine. 48 millions d'abonnés à l'Internet très haut débit.
En décembre, le monde compte 48 millions d'abonnés Internet à très haut débit et ils seront 140 millions en 2014, selon l'Idate.

2009 En juillet, le nombre de requêtes sur la Toile a franchi le seuil des 100 milliards, dont 67,5 % par Google.
Le réseau social Facebook, créé en 2004, dépasse les 250 millions d'utilisateurs.

Avec le courrier électronique et les groupes de discussion, Internet, réseau de réseaux permettant de relier entre eux les ordinateurs du monde entier grâce à ses deux protocoles, TCP et IP (un langage permettant aux ordinateurs de se comprendre et un système opérant l'*adressage* des messages entre eux, tous deux in-

Internet : principaux pays*
ayant un taux de pénétration supérieur à 50 % (en juin 2009)

Rang	*Pays*	*Pénétration en % de la population*	*Population totale (en millions)*
1	Norvège	85,7	4,6
2	Pays-Bas	85,4	16,7
3	Danemark	84,2	5,5
4	Finlande	82,9	5,3
5	Suède	80,5	9,1
6	Royaume-Uni	79,8	61,1
7	Nouvelle-Zélande	79,7	4,2
8	Australie	79,6	21,3
9	Corée du Sud	77,3	48,5
10	Suisse	75,8	7,6
11	États-Unis	74,1	307,2
12	Japon	74,0	127,0
13	Canada	71,7	33,5
14	Espagne	70,6	40,5
15	Autriche	68,2	8,2
16	**France**	**67,7**	**62,2**
17	Irlande	67,3	4,2
18	Belgique	67,3	10,4
19	Allemagne	67,1	82,3
20	Singapour	66,7	4,7

* Dont la population est supérieure à 500 000 habitants.

Source : Internet WorldStats, www.internetworldstats.com

ventés en 1974 et rendus publics en 1980), n'est plus seulement un moyen d'expression et de communication. Avec le Web, il devient à la fois le plus grand journal du monde, la bibliothèque rassemblant le plus grand nombre de livres, l'hypermarché le mieux approvisionné et le musée imaginaire dont Malraux n'avait jamais osé rêver. Les services du Web peuvent tous être multimédias : les renseignements de la météo et les jeux en réseau aussi bien que les informations présélectionnées ou « sur mesure » comme les documents des banques de données.

Mondial, décentralisé, Internet est également multimédia. Privée de sons et d'images, la télématique française des années 1980 était triste alors qu'Internet ajoute toujours davantage de sons et d'images aux textes et aux graphiques. Il transfigure la télématique, dans la voie que la France a choisie, la première, avec le Minitel. Il donne rétrospectivement un sens aux alliances qui ont été conclues, après 1975, entre l'audiovisuel, l'informatique et les télécommunications. Enfin, il permet d'imaginer toutes les potentialités des réseaux multimédias du futur.

V. – **La Toile, acteur emblématique de la révolution numérique**

La généralisation du numérique, la traduction de tous les contenus dans un langage unique et universel, consacre ce ménage à trois entre les médias, l'informatique et les télécommunications. Ce qu'on appelle alors convergence, un peu vite, contient la promesse, avec la Toile, du meilleur des trois mondes : chacun d'eux est à la fois désenclavé, émerveillé et comme réenchanté.

Le numérique, avec ses réseaux toujours plus nombreux, avec ses terminaux toujours plus polyvalents, plus autonomes et plus aisément accessibles, est en passe en réalité de recomposer le paysage des médias selon plusieurs logiques.

La première est celle de l'autoprogrammation et de l'autoproduction : cette possibilité, pour chacun, de composer son programme lui-même, en allant puiser les contenus ou les services sur la Toile. Le numérique permet de passer, dans tous les domaines traditionnels des médias de l'imprimé, du son ou de l'image, du menu imposé au menu à la carte : on entre dans l'ère du « ce que je veux, quand je veux et comme je le veux ; *any content, any time, any where, any device* ». Mais le numérique va aujourd'hui plus loin, avec le Web.02, que cette simple interactivité : avec ses blogs, le Web franchit un seuil supplémentaire, réalisant le rêve du *Do-it-yourself,* permettant à chacun de s'exprimer comme il l'entend et d'offrir une alternative aux médias unidirectionnels.

Le numérique entraîne l'ensemble des médias dans une deuxième direction : celle d'une accessibilité accrue. Les supports, devenus des terminaux, sont toujours plus nombreux et plus performants, et ils jouissent d'une autonomie plus grande, ce qui donne à l'image animée et au son, à la voix ou à la musique, une mobilité qui était réservée jusqu'à présent aux seuls documents imprimés. En même temps, l'écrit passe de l'imprimé au terminal portable, avec le téléphone portable, le e-book ou le e-paper : le numérique, en l'occurrence, ajoute l'abondance à la « portabilité ». L'abondance et la portabilité, en conjuguant leurs effets, précipitent les médias vers l'hyperspécialisation, vers une diversité plus grande, et vers des publics dispersés sur l'ensemble de la planète.

Enfin, les médias sont précipités par le numérique vers les « contenus » ou les services multimédias : non pas la simple juxtaposition, sur un même écran, de langages différents, des textes, des vidéos, des bandes son et des chiffres, mais la possibilité d'utiliser chacun d'eux à bon escient, c'est-à-dire pour ce qu'il peut exprimer le mieux et transmettre le plus commodément. Tout en permettant de naviguer de l'un à l'autre de ces différents langages de la pensée, le multimédia permettra toujours davantage à chacun d'eux de se surpasser lui-même : à l'écrit d'être libéré de sa linéarité, grâce à l'hypertexte ; à l'audiovisuel de n'être plus prisonnier de grilles ou de chaînes, grâce à l'écoute en différé, aux arrêts sur image, aux raccourcis, aux retours en arrière. Le numérique aide ainsi chacun des médias à surmonter ses propres handicaps, ceux-là mêmes qu'il croyait insurmontables.

Rien n'arrêtera la progression des technologies issues du numérique : les réseaux et les terminaux se multiplient à mesure que progresse, sur tous les fronts, la numérisation des « contenus » et des services. En multipliant les échanges et en « globalisant » les marchés, la mondialisation de l'après-guerre froide accélère la marche des médias à la fois vers l'hyperfragmentation, la mobilité et le mélange inattendu de l'écrit, du son et de l'image.

Sommes-nous alors à la veille d'un événement comparable à l'apparition de l'écriture, à l'époque de Platon, ou à la découverte de l'imprimerie, au XVe siècle ? Sommes-nous à la veille d'un bond en avant de l'intelligence collective, d'un nouvel élan pour l'imagination créatrice ? D'une nouvelle naissance pour la culture, d'une nouvelle Renaissance ?

Depuis l'essor d'Internet, tous les médias dits « conventionnels » – la presse, le cinéma, la radio et la télévision – empruntent simultanément ces trois directions dont la ligne de départ remonte à l'alliance nouée, en 1975, entre l'audiovisuel et les télécommunications, sous les auspices du HBO américain, la première chaîne payante par satellite. Cette logique est double, faite à la fois d'abondance et de diversité. Les modes de diffusion ou de distribution se multiplient en même temps qu'ils se diversifient, à l'inverse de ce que sous-entend l'image trompeuse des autoroutes de l'information. Les modes de consommation sont également plus nombreux et plus variés : on ne lit pas un journal de la même façon sur une feuille imprimée, sur un écran d'ordinateur ou sur un e-paper. Les modes de financement suivent partout la même voie : la télévision évolue de la gratuité au paiement au forfait ou à la consommation, en passant par le tiers payant ou un régime mixte, tandis que la presse imprimée semble emprunter le même chemin, mais en sens inverse. Il en va de même, d'ores et déjà, pour la musique et pour le cinéma.

DEUXIÈME PARTIE

LES OBJECTIFS OU LES FINALITÉS

Les médias échappent toujours à leurs inventeurs. Au fil des années, à mesure qu'ils se répandent dans la société, ils se donnent des objectifs et on leur découvre des finalités que personne n'avait imaginées. En naissant, ils n'ont ni feuille de route, ni ordre de mission. Il n'est pas rare, de surcroît, qu'en franchissant le seuil du grand public, ils changent de direction. Ainsi les médias sont-ils inséparablement des outils et des usages. Au fil des années, un rôle leur a été donné qui finit par s'imposer, en même temps qu'une certaine façon de le remplir : organe d'information, instrument de relations publiques, moyen de divertissement ou bien support pour des œuvres capables de nous émouvoir.

Chapitre I

L'INFORMATION

Les *news* sont une invention de la presse quotidienne. L'information moderne est née le jour où des nouvelles ont été offertes sur un marché, au XIXe siècle, grâce aux rotatives et à la consécration des libertés. C'est cette même information, avec ses enjeux, ses disciplines, et aussi ses limites, qui a trouvé de nouveaux eldorados avec la radio, la télévision et Internet. Chacun à leur façon, ces nouveaux territoires constituent pour elle à la fois une chance et un défi.

I. – Des nouvelles à l'information

Les journaux quotidiens ont inventé les *news* – l'information – au XIXe siècle, sur fond de révolution industrielle et de combat pour les libertés, personnelles et politiques. Ce sont eux – du *Times*, l'ancêtre, fondé à Londres en 1785, et au *Wall Street Journal*, créé à New York en 1889 – qui ont assigné aux journalistes leur mission : raconter « ce qui se passe » dans l'actualité. Ils ont fait de l'information non seulement leur raison d'être, mais également une institution à part entière, avec ses techniques, ses professionnels, ses disciplines.

Jouissant d'une liberté plus grande que ses confrères, le *Times* l'ancêtre des quotidiens modernes, fondé à Londres en 1785, joua un rôle décisif dans cet avènement. Après qu'il eut accrédité sa réputation d'indépendance vis-à-vis du gouvernement, allant jusqu'à prendre parti, en 1821, pour la reine Caroline contre son mari George IV, qui lui intentait un procès d'adultère, le quotidien créa un réseau de correspondants et s'efforça de faire la part égale entre la « petite » actualité – les nouvelles locales – et la « grande » actualité – les nouvelles nationales et celles provenant de l'étranger.

Le *Times* innova également sur le terrain de la présentation : il attacha une importance toujours plus grande à la formulation des nouvelles et à la mise en pages des rubriques, introduisant notamment des sous-titres afin de rendre la lecture plus facile. Quelques années plus tard, des agences de presse furent créées qui commencèrent à mailler le monde avec leurs réseaux de correspondants : ancêtre de l'Agence France Presse, Havas est fondée en 1835. L'agence allemande Wolff ouvrit ses services en 1849 et la britannique Reuters deux ans plus tard. Elles se donnèrent une envergure internationale, dès leurs débuts, à la différence de leurs homologues américaines Associated Press et United Press, ouvertes respectivement en 1848 et en 1907.

Amorcée par l'Angleterre, la professionnalisation du journalisme se poursuivit aux États-Unis jusqu'à la fin du XIXe siècle. Ce sont les défectuosités du télégraphe qui imposèrent aux correspondants les premières règles du journalisme, pendant la guerre de Sécession, entre 1861 et 1865 : la pyramide inversée qui établit le principe de la synthèse avant l'exposé des détails, afin de déjouer les interruptions du télégraphe ; le respect des cinq W – *Who ? What ? When ? Where ? Why ?* –, pour que le récit soit exhaustif ; enfin, la recommandation d'un style impersonnel et dépouillé, accessible à tous les lecteurs.

Le succès des journaux apporte au journalisme américain d'autres règles, celles qui répondent à l'idéal d'objectivité. Elles suivent l'irrésistible mouvement de concentration des groupes de presse. La logique du grand nombre les oblige à offrir des rubriques nombreuses, sans jamais s'exposer au soupçon de partialité.

Avant que le siècle ne touche à sa fin, les écoles et les associations de journalistes assuraient déjà la pérennité de ces règles que, spontanément, les correspondants de la guerre de Sécession et leurs successeurs immédiats s'attachaient à respecter. Avec son savoir-faire et sa discipline, le reportage était ainsi devenu le modèle du journalisme anglo-saxon. Il reléguait les « nouvelles » rédigées par Renaudot et Girardin dans la préhistoire du journalisme, faisant de l'information une institution cardinale des démocraties modernes. La presse « écrit l'histoire au présent », selon l'heureuse formule d'Albert Camus.

II. – Deux modèles : le reportage et la chronique

Après s'être difficilement émancipé de la littérature et de la politique, le journalisme de l'Europe continentale se convertit aux techniques et aux valeurs du reportage, dès les premières années du XXe siècle.

Zola déplore la transformation du journalisme par l' « information », la fin des « grands articles » au profit des dépêches d'agences. À l'inverse, Hugues de Roux, journaliste au *Temps*, se félicitait en 1889 de la conversion de ses confrères aux disciplines du reportage : « L'ancien chroniqueur, l'homme d'esprit, de bons mots et de propos à bâtons rompus est détrôné par un écrivain moins soucieux de briller mais mieux informé des sujets qu'il traite : le reporter. »

Contrastés, ces diagnostics illustrent les nostalgies et les querelles du journalisme continental. C'est la chronique, et non le reportage, qui profite de l'essor des quotidiens, avec la Restauration et sous la monarchie de Juillet. Selon Pierre Albert, la chronique – ou l' « article de commentaire » – « visait à expliquer et à convaincre plus qu'à exposer ; il se rapprochait plus de la dissertation que de la narration ». En Europe, le reportage ne réussit pas à se faire une place égale à celle qu'il occupe en Amérique du Nord, entre les communiqués officiels et les articles d'humeur ou de commentaire. En France, il apparaît notamment sur le terrain des faits divers, plus nombreux dans les colonnes des journaux, et sur celui de la vie parisienne, dans le « grand » ou le « demi-monde » des arts et de la littérature.

Les deux modèles du journalisme

	Le modèle anglo-saxon	*Le modèle latino-européen*
Principes	« Les faits sont les faits »	L'objectivité impossible
Dogmes	L'objectivité : distinguer les faits de leur commentaire	L'honnêteté du journaliste : avouer sa subjectivité
Principaux représentants	Le reporter	Le chroniqueur
Disciplines	Autonome, émancipée	A gardé des attaches avec la littérature et la politique
Relations avec les « sources »	Indispensables, prudentes	Moins fréquentes, mais plus confiantes
Organisation	Travail collectif	Travail individuel
Vertus cardinales	Neutralité, discipline partagée, solidarité avec les pairs	Perspicacité, courage, individualisme

La part des reportages au sein de la presse européenne augmente très sensiblement au XXe siècle, avec le crédit grandissant des agences, l'essor des journaux régionaux et de leurs rubriques locales et le succès des *news magazines* des années 1950 et 1960. Il s'agit toujours d' « aller plus loin », de « faire le point ». Formules qui acclimatent, notamment en France, un journalisme dont l'Amérique vantera les mérites au nom de la nécessaire investigation, depuis le Watergate de 1972.

Malgré certaines convergences, surtout après 1960-1970, le journalisme latino-européen demeure très différent de son homologue anglo-saxon. Modèles de vertu, le reporter et le chroniqueur sont imprégnés de références et de significations différentes, voire opposées. Le reporter s'accommode mieux du travail collectif et des hiérarchies ; le chroniqueur, quant à lui, travaille de manière solitaire, conscient de la relativité de ses analyses. Les relations avec les « sources » diffèrent également : moins confiantes et plus fréquentes pour le reporter, moins nombreuses mais beaucoup moins empreintes de suspicion pour le chroniqueur. Ce que l'on apprécie enfin, là où la chronique prédomine, c'est le courage, l'honnêteté, la perspicacité. La vertu cardinale du journalisme d'investigation réside davantage dans cette espèce de neutralité vigilante guidée par le respect d'une discipline partagée par les confrères.

Plus d'un quart de siècle avant le Monicagate, le Watergate devient le symbole des pouvoirs de la presse. Au terme d'une enquête longue et difficile menée par deux rédacteurs du *Washington Post*, le président Nixon est acculé à la démission par ses propres amis. Portée à l'écran, transfigurée par l'opinion, l'aventure des deux journalistes illustre désormais le journalisme d'investigation, le reportage : l'accomplissement édifiant d'un idéal professionnel dévoué au service de la vérité et de l'intérêt commun.

Le modèle anglo-saxon s'est-il finalement imposé ? Après le Watergate, existe-t-il encore deux modèles, chacun avec ses règles et ses valeurs, ses disciplines, ses idéaux et ses exemples canoniques : d'un côté, les États-Unis, le Canada et la Grande-Bretagne ; de l'autre, la France, l'Allemagne et l'Italie ? Tout se passe encore, semble-t-il, comme si le journalisme anglo-saxon et son homologue européen se réclamaient de principes différents, expressions d'une « réalité profonde », dirait Montesquieu, également différente. À l'Amérique, ce principe : les faits sont les faits et il ne sert à rien d'en nier la matérialité. À l'Europe, une autre règle : les événements sont inséparables de la signification qu'ils revêtent aux yeux de leurs acteurs, comme à ceux de leurs témoins, directs ou indirects. Les Américains appliquent scrupuleusement la recommandation : « Les faits sont sacrés, le commentaire est libre. » Les Français continuent de méditer le conseil qui fut donné par Arthur Meyer à un jeune journaliste du *Gaulois*, peu après 1875 : « Sachez, monsieur, qu'il y a une manière légitimiste de présenter un fait divers ou de parler du temps qu'il fait. »

Ce qui unit de nos jours les deux journalismes prévaut cependant contre ce qui les divise. L'essentiel réside en effet dans la délimitation d'un domaine d'intervention : l'information d'actualité, soit l'annonce et le récit de « ce qui se passe », du passé immédiat et de l'avenir prévisible ou prévu, du présent dans tous ses états, sous la forme de nouvelles, à des hommes ou à des citoyens que l'on souhaite aussi nombreux et intéressés que possible. C'est ce qui fait du journalisme non seulement un métier, avec ses savoir-faire, mais également une profession dont la légitimité est reconnue et enfin une vocation au service du bien commun et des valeurs fédératrices. Le journaliste est toujours celui qui doit garder ses distances vis-à-vis de ses interlocuteurs quotidiens : le rédacteur en chef, qui défend la ligne éditoriale ; les experts, dont il peut sollici-

Le journaliste comme médiateur :
ses interlocuteurs privilégiés

Ligne éditoriale du média
(le rédacteur en chef, interprète des demandes des « clients »)

Événement de l'actualité
(leurs acteurs, leurs témoins)

Le journaliste

Compétence
(les experts)

Profession
(ses pairs, ses confrères)

Source : Francis Balle, chap. « Médias et société », *in* J. Lendrevie et B. Brochand, *Publicator*, Dalloz, 5e éd., 2001.

ter, le cas échéant, les compétences ; les confrères, à la fois associés et rivaux ; enfin, les acteurs ou les témoins des événements dont il fait le récit.

III. – L'information, après le Watergate

En 1974, le Watergate a donné à l'information ses ultimes lettres de noblesse, en même temps qu'au journal quotidien et au journalisme dit d' « investigation », à base d'enquêtes et de reportages. Au lendemain de cette triple consécration, on s'interroge sur les raisons qui rendent impossible, ailleurs qu'aux États-Unis, et notamment parmi les adeptes du journalisme continental, une enquête comme celle du Watergate. Ceux-ci – notamment les journalistes français – demeurent sceptiques sur l'indépendance d'organes d'information qui sont soumis, comme aux États-Unis, aux mêmes lois que les autres entreprises « capitalistes ».

Un siècle environ après avoir été inventée, l'information doit désormais relever plusieurs défis. Le cinéma et la radio d'abord, la télévision et Internet ensuite, se sont attaqués au monopole des journaux sur l'information. Jusqu'au tournant des années 1960, la presse – et surtout les quotidiens – a exercé un magistère sur l'opinion, les idées et la vie politique. Dès ses premiers pas, en 1895, le cinéma s'est essayé aux reportages, filmés en direct ou reconstitués en studio. Déjà, la direction était indiquée. Pourtant, les premières brèches dans le monopole de la presse sur l'information n'ont été vraiment ouvertes qu'après 1950-1960, par la radio et la télévision. L'élection de Kennedy à la présidence, en 1960, gagnée grâce à la télévision, selon les commentateurs de l'époque, ainsi que le rôle joué par les récepteurs à transistors, quand le général de Gaulle s'est adressé directement aux soldats français perdus dans les djebels d'Algérie, en 1961 et en 1962, ont valeur de symboles. L'information quitte la presse, son pays natal, pour émigrer vers d'autres médias. Après 1995, Internet fonce dans la brèche ouverte par ses illustres prédécesseurs « audiovisuels ».

L'information est confrontée à un deuxième défi, venu en 1976 des pays se réclamant de ce que l'on appelait, à l'époque, le Tiers Monde. À l'occasion de sa conférence générale, l'UNESCO leur offre l'occasion de plaider pour l'instauration d'un « nouvel ordre mondial de l'information ». Les chefs d'accusation retenus contre l'information des pays « occidentaux », et notamment à l'encontre de leurs agences, sont martelés jusqu'à la fin des années 1980 : le silence sur le Tiers Monde, ses difficultés et ses réussites ; les déformations systématiques dont les informations le concernant font l'objet dans les pays du Nord ; la propagande culturelle, enfin, du « Nord », en direction du « Sud ». C'est l'ouverture politique menée par Gorbatchev dans l'ancienne Union soviétique, après 1985, qui permet de montrer que la revendication par voie autoritaire d'un « équilibre » entre des dépêches, des films ou des programmes de télévision est contraire à l'idéal de liberté dont elle se réclame.

Avec l'essor des médias numériques, l'information redécouvre, à l'aube du XXIe siècle, à la fois ses enjeux, ses exigences et ses limites. Certes, ses contours et ses contenus ont beaucoup changé, le jour où la télévision est devenue un véritable « mass media ». Comme ils changeront, davantage encore, sans doute, avec la mise en place des réseaux multimédia. Mais les nouveaux venus sur le terrain qui fut longtemps l'exclusivité de la presse ont seulement modifié quelques-unes des règles du jeu du journalisme. Ils ne déterminent nullement ses enjeux, qui seront les mêmes, demain, qu'à l'époque des premiers grands journaux quotidiens.

Les exigences de l'information ainsi que ses conditions de possibilité demeurent également inchangées. Il n'y a pas de liberté sans liberté des médias ; il n'y a pas de liberté pour l'information là où les entreprises sont soumises à autorisation, là où elles sont différentes des autres. L'information est née le jour où les nouvelles ont été offertes, librement, sur un marché. Mais la concurrence, bien que nécessaire, n'est pas suffisante. Elle n'est en aucun cas une école de vertu. La loi et les tribunaux doivent donc fixer des limites à la liberté d'expression, limites qui doivent elles-mêmes être circonscrites. La liberté sans limites n'est plus la liberté, mais la licence. Enfin, la responsabilité individuelle des journalistes est la contrepartie de la liberté dont ils jouissent.

Les journalistes ne sont pas seuls responsables de la qualité de l'information offerte à tous ; ils ne sont pas seuls à devoir inlassablement triompher des connivences et des conformismes. Devenue un marché en même temps qu'une industrie, l'information est aussi placée sous la vigilance de ses destinataires. Ceux-ci ont, à la faveur du marché, le dernier mot.

Chapitre II

LE DIVERTISSEMENT

Avant même d'être « parlant et chantant », le cinéma avait inventé en 1927 le premier divertissement de masse, accessible à un public infiniment plus étendu que celui des théâtres de « variétés » de la fin du XIXe siècle. Mais seule la télévision pouvait magnifier le *show-business*. Après 1950, devenue le média de tous, elle donne naissance aux industries de l'*entertainment*. En installant ses caméras dans les stades et dans les salles de concert, elle réinvente en même temps le football et la musique de variété. Là réside la magie de la télévision : apporter au domicile de chacun des spectacles de divertissement multiples, des films, des variétés, des émissions de plateau (des *talk-shows*), des concerts scénarisés, des vidéos musicales, des comédies de situation (des *sitcoms*) ou des comédies musicales.

I. – Du *show-business* à l'*entertainment*

Ouvert à Montmartre, en 1889, *Le Moulin rouge* est aux « variétés » ce que le *Café de la Paix*, boulevard des Capucines, est, en 1895, pour le cinéma : le lieu de naissance d'une nouvelle forme d'expression, d'un genre nouveau de spectacles. Avant la fin du XIXe siècle, des théâtres nombreux offrent à un public populaire des représentations inédites. Aux États-Unis, on parle de vaudeville ou de burlesque ; dans les grandes villes européennes, ces salles de spectacles s'appellent « caf'conc' », « cabaret music-hall », café chantant ou variétés. Elles ont en commun de proposer un ensemble de « numéros » courts, ce qui les apparente davantage aux spectacles de foire qu'aux théâtres traditionnels.

Le mot « variétés » est bien choisi pour désigner ce nouveau genre de spectacle. Dans les cabarets-théâtres de l'époque, on peut écouter une romance, un air d'opéra ou une chanson ; on peut regarder une saynète ou même l'extrait d'une pièce célèbre ; on se laisse aussi émouvoir, avant le « grand final », par les performances d'un acrobate ou d'un prestidigitateur. À propos de ces spectacles dont les États-Unis eurent avant les autres le génie, l'écrivain norvégien Knut Hamsun dénonçait, dès 1889, « cette confusion qui est caractéristique des journaux américains (...). Ils sont constitués par une multitude de fragments divers, chacun étant indépendant de l'ensemble. Personne ne semble tenir à ce qu'il y ait un résultat unitaire (...) ; ce qui importe, c'est de mettre en scène des moments différents pour que l'un ou l'autre puisse avoir un effet sur le spectateur et le fasse applaudir, rire ou pleurer ».

Le théâtre de variétés était devenu en quelques années le grand magasin du divertissement. Nouveau symbole de la vie urbaine, il fait en sorte que chacun y trouve toujours quelque chose. Il ne tient pourtant pas toutes ses promesses. Son succès s'arrête aux frontières d'une bourgeoisie toujours prompte à se distinguer du peuple et qui met son point d'honneur à défendre le bon goût et la décence du théâtre traditionnel, le seul légitime à ses yeux.

Avec le cinéma, suivi par la radio et la télévision, le *show-business* occupe bientôt la place des variétés du début du siècle. Les nouveaux médias du son et de l'image donnent naissance à une industrie entièrement dévouée au grand public et à son divertissement. Il s'agit toujours de plaire et de séduire, grâce à une maîtrise parfaite des émotions universelles. « Faire applaudir, rire ou pleurer » devient une technique autant qu'un art ; divertir est l'obsession de nouveaux industriels, désireux avant tout de recueillir les suffrages les plus nombreux.

Le *show-business* est l'enfant légitime des variétés du *Moulin rouge* et des médias audiovisuels, le cinéma, la radio et la télévision. Tandis que le cinéma devient la plus grande usine à rêves du XXe siècle, la radio et la télévision envahissent les stades et les salles de concerts pour glorifier le sport et la chanson. L'un et l'autre donnent lieu à des spectacles collectifs. En les retransmettant en direct, la radio et, surtout, la télévision font de ces spectacles les plus grands divertissements de tous les temps. Au base-ball américain ou au football, aux concerts de rock des années 1960 comme à *Notre-Dame de Paris* devenue comédie musicale, la télévision finit par imposer ses lois, ses stratagèmes et ses diverses mises en scène.

II. – Les industries du divertissement

Ainsi, les médias du son et de l'image annexent, l'un après l'autre, tous les spectacles collectifs : le cinéma, le sport, la chanson. Pour répondre aux lois du petit écran, ils les transfigurent. En outre, ils inversent le rapport de forces en leur faveur. Les films sont financés par les diffuseurs, afin d'être proposés aux téléspectateurs, d'abord en version payante, ensuite sur les chaînes gratuites, enfin dans le circuit des cassettes ; les événements sportifs ou les concerts des grandes vedettes – Céline Dion ou Johnny Hallyday – sont conçus pour être vus à la télévision, bien plus que par les spectateurs du Stade de France.

Dans la première moitié du XXe siècle, c'était les variétés d'antan et le cinéma d'Hollywood qui constituaient le *show-business*. Avec la télévision, ce dernier se développe considérablement, annexant de nouveaux territoires jusqu'à devenir ce que les Américains appellent *entertainment* : des industries variées, qui comprennent aussi bien des films à succès, des séries de télévision, des spectacles musicaux, que des vidéomusiques, des émissions de plateaux ou des cérémonies de remises de prix.

L'*entertainment* n'est donc lié à aucun média en particulier. Il noue des relations avec chacun d'entre eux, même si la télévision, qui favorisa grandement son essor, est devenue son partenaire privilégié. Il comprend des programmes de flux et des programmes de stock : des émissions que l'on regarde une seule fois, ou bien des chefs-d'œuvre, remarquables au point d'entrer dans le panthéon d'une culture universelle. L'*entertainment* possède enfin cette particularité d'imposer son style, ses manières de faire comme ses manières de penser, à des activités dont on croyait qu'elles lui étaient étrangères : l'information, l'éducation, la publicité. D'où les néologismes, nés de la contraction de deux mots : *infotainment* (*information* et *entertainment*), *edutainment, advertorials* (*advestising* et *editorials*) ou encore *infomercials* (*information* et *commercials*).

L'apparition récente de ces nouveaux mots illustre moins l'invasion d'un style que l'essor spectaculaire, grâce à la télévision, de ces industries entièrement dévouées au divertissement grand public. Comme pour Hollywood, l'invention est américaine. En vérité, « divertissement » n'est pas l'exacte traduction d'*entertainment*. Le premier terme hérite de Pascal une connotation négative : « [Il] nous amuse et nous fait insensiblement arriver à la mort. » Ou encore : « Les hommes n'ayant pu guérir la mort, la misère, l'ignorance, ils se sont avisés, pour se rendre heureux, de n'y point penser. »

Parmi les *Pensées* de Pascal, on a cependant oublié celle-ci : « Un roi sans divertissement est un homme plein de misères. » Ce qui nous rapproche davantage de la distraction – l'une des trois missions de l'ancienne RTF : informer, éduquer, distraire –, mais nous écarte tout autant de ce que désigne l'*entertainment*, terme qui résiste à la traduction en français, depuis que les majors d'Hollywood se sont reconverties dans les séries télévisées, au plus fort de la crise du cinéma, dans les années 1950.

Les industries de l'*entertainment*, telles du moins qu'elles se sont développées après 1950, quand la télévision marchait allègrement sur les brisées des médias qui l'ont précédée, quand elle s'est « nourrie » de leurs contenus, pour parler comme McLuhan, sont inséparables d'une société où le travail n'est plus aussi pénible ni aussi envahissant qu'auparavant, où les hommes sont plus nombreux à occuper leur temps libre à autre chose qu'à reprendre des forces pour le lendemain.

La question, pour ces industries nouvelles, n'est donc pas de se soumettre aux canons des arts que l'on disait « libéraux », parce qu'ils n'étaient guère assujettis à une finalité utilitaire. Elle réside dans l'unique obsession de rallier un maximum de suffrages, en une seule fois s'il s'agit d'un programme de « flux », aussi souvent et aussi longtemps que possible pour un programme de « stock ». Dans les deux cas, l'objectif est atteint lorsque le mélange entre la réalité et la fiction parvient à atteindre, parmi des publics divers, une satisfaction maximale : une confession rassurante, une identification salvatrice, une évasion réparatrice ou la compensation de frustrations quotidiennes.

Chapitre III

LA COMMUNICATION

Avec les médias, la communication est devenue utilitaire. Désormais, « communiquer » n'est plus seulement échanger, instaurer un dialogue, perpétuer une relation de personne à personne, mais plus précisément influencer autrui, pour vendre quelque chose, pour lui inculquer une idée, ou bien pour lui donner, d'un homme public ou d'une institution, une image qui incline à la bienveillance ou à la considération.

La communication moderne est fille de la religion et de la politique. Depuis la nuit des temps, l'une et l'autre ont prétendu persuader, convertir, obtenir un assentiment. Mais, aujourd'hui, l'art de ceux qui pratiquent la communication est de prétendre le contraire. Ils préfèrent parler d'information afin d'obtenir un surcroît de confiance de la part de ceux auxquels ils s'adressent, en même temps qu'un pouvoir plus grand de persuasion. Émancipée, la communication imprègne désormais la culture des sociétés démocratiques, au risque, pour tous, de quelques désillusions et, pour les sociétés, de subir toutes les mésaventures du moyen qui se prend pour une fin.

I. – La publicité moderne, en France : les grandes dates

1631 Parution, pour la première fois, d'annonces dans l'hebdomadaire *La Gazette* de Théophraste Renaudot.

1929 Création du cinéma publicitaire par Jean Mineur ; introduction de la publicité à la radio.

1964 Création des abribus Decaux.

1968 Introduction de la publicité de marque sur la première chaîne de télévision.

1969 Première centrale d'achat d'espace publicitaire (dans les journaux comme à la radio et à la télévision).

1984 Introduction de la publicité sur les radios locales privées.

1997 Introduction de la publicité sur Internet, deux ans après les États-Unis.

2008 Utilisation pour la première fois, dans certains magasins, de la technologie RFID, permettant l'affichage d'informations sur un écran concernant un produit, à la demande du client.

2009 Naissance de la publicité personnalisée sur les téléphones portables multimédias, dits intelligents, grâce aux possibilités conjointes des réseaux de 3e génération et de la géolocalisation. Ainsi, l'affichage de la publicité permet d'identifier les commerçants les plus proches, de mettre en relation téléphonique avec eux ou d'indiquer la direction pour s'y rendre.

II. – Des petites annonces à la publicité

La publicité est née avec les premiers journaux. Dès son sixième numéro, en 1631, *La Gazette* de Renaudot fait de la « réclame ». En 1836, Émile de Girardin affirme pour la première fois que « c'est aux annonces de payer le journal ». Les recettes de *La Presse* provenant de la publicité dépassent celles qui sont dues aux abonnements dès sa quatrième année.

La publicité existait, certes, bien avant la naissance de la presse moderne. Les Athéniens ne faisaient rien d'autre que de la publicité, lorsqu'ils débattaient sur l'agora des affaires publiques avec leurs concitoyens, lorsqu'ils s'exerçaient à la rhétorique. Au début de notre ère, les apôtres vantaient les enseignements du Christ ; ils entendaient propager la « bonne nouvelle ». À l'époque de Charlemagne, les savants d'Écosse et d'Irlande traversaient les villes en criant : « Nous sommes des marchands de science. Qui veut acheter la science ? » Dès 1482, à Paris, une affiche est pour la première fois placardée en différents endroits : « Le Grand Pardon de Notre-Dame de Paris invite les fidèles à participer à la fête religieuse organisée par le chapitre de Reims. »

Différentes manières de convaincre

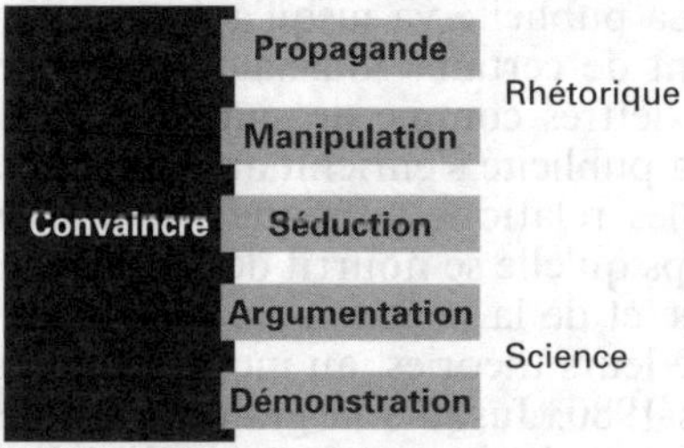

Source : d'après Ph. Breton, *L'argumentation dans la communication,* La Découverte, 1996.

Ces quelques exemples en témoignent : depuis l'agora de la cité grecque jusqu'aux affiches des colonnes « Rambuteau », au XIXe siècle, la publicité était exclusivement assujettie aux desseins de la politique et de la religion. Ce sont les premiers-nés parmi les médias – les journaux – qui l'émancipent, lui permettant de servir d'autres desseins. Ainsi, grâce à la presse, la publicité fait cause commune, au lendemain de la révolution industrielle, avec l'économie de marché. Elle perd un peu de son aura ou de son prestige pour devenir, au tournant du XXe siècle, résolument « utilitaire ». Fille de la propagande, elle était au service des marchands et non plus des princes, mais elle use toujours des mêmes recettes, celles de la séduction et de l'argumentation.

La publicité entre dans l'âge de la maturité, après le tournant des années 1930, sous l'effet conjoint de l'essor des médias et des acquis nouveaux des sciences dites « humaines ». Les médias et la publicité progressent désormais au même rythme. Ils se soutiennent mutuellement afin de conquérir de nouvelles positions. Ils développent les mêmes arguments et invoquent les mêmes valeurs devant ceux qui mettent en cause leur action, voire leur existence. En 1789, Bailly, maire de Paris, avait déjà gravé, sur la médaille des crieurs de journaux : « La publicité est la sauvegarde du peuple. » La publicité va jusqu'à assurer la totalité du financement de certains journaux, distribués dans les boîtes aux lettres comme de simples « prospectus ».

Enfin, la publicité s'enrichit au contact d'autres disciplines – les relations publiques, le marketing –, en même temps qu'elle se nourrit des enseignements de la psychologie et de la psychologie sociale, de leurs sondages et de leurs théories, au moins jusqu'au tournant des années 1980. Jusqu'à la grande crise de 1929, qui fit naître le marketing – cet ensemble de techniques permettant d'opérer, à coup d'investigations et d'anticipations, un meilleur ajustement entre l'offre et la demande –, la publicité se prodigue sans apprentissage. Elle était un art plutôt qu'une technique, une pratique sans théorie, une improvisation bien plus que l'application d'un savoir ou d'un savoir-faire. Tandis que la psychologie et les sciences sociales deviennent populaires, la publicité se hisse au rang de discipline à part entière, avec des fondements avérés, des professionnels confirmés et un autocontrôle efficace.

III. – La publicité transfigurée en communication

Entre 1930 et 1980, tout au long de cet âge d'or pour les « mass media » – presse, cinéma, radio et télévision –, la publicité participe à tous les combats, pour la société industrielle comme pour l'économie de marché. Elle veut être un métier en même temps que vocation : à la fois fondée sur un vrai savoir et entièrement dévouée au service de tous. La triple alliance des médias, de la publicité et de l'économie de marché ne répond pas seulement à une nécessité « fonctionnelle », quasi scientifique, elle se drape également dans les oripeaux d'un idéal, celui d'un bonheur partagé, d'une consommation dont les bienfaits sont progressivement offerts au plus grand nombre. Là réside le secret de la transformation de la publicité en communication. Auparavant technique pour faire valoir les mérites d'un bien de consommation, elle étend son empire bien audelà de ce qui se vend ou s'achète ; elle devient une aspiration collective, la clef du bonheur et un idéal de société.

Sans les médias et leur spectaculaire ascension, jamais sans doute pareille mutation n'aurait pu avoir lieu. Jamais non plus les stratégies et les stratagèmes de la communication ne se seraient à ce point répandus et convaincus les uns et les autres de leur efficacité. Nombreuses ont été les enquêtes et les recherches, depuis 1945, avec pour unique dessein de parfaire les procédés de la publicité et d'en mesurer les effets aussi rigoureusement que possible. Jusqu'aux premières années 1970, elles se sont inspirées des mêmes schémas, issus des théories de l'information ou des premiers essais sur la propagande. Nées à la frontière entre la psychologie et la sociologie, ces études ont plusieurs pères fondateurs : Tchakhotine, avec *Le viol des foules par la propagande* (1939) ; Shannon, avec son modèle de communication mis au point, en 1947, à partir de ses recherches sur le téléphone ; et le sociologue Lasswell avec son célèbre « qui dit quoi, par quel canal, à qui, avec quels effets ? ». La publicité de cette époque était « mécaniste » ou directe. Elle mise sur les stratagèmes du « réflexe conditionné » de Pavlov. Cette orientation était d'autant plus suivie qu'elle s'accorde avec le préjugé selon lequel on peut faire croire ou faire faire ce que l'on veut à n'importe qui dès lors qu'on obéit à des règles simples et qu'on applique quelques recettes connues.

Le modèle de Shannon et Weaver et les questions de Lasswell

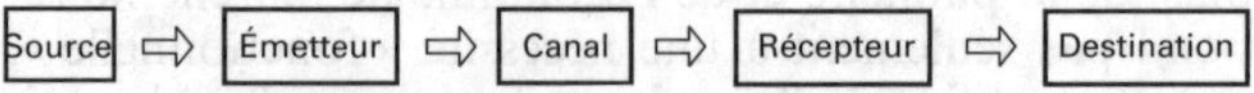

Qui dit quoi, pour quel média, à qui, avec quels effets ?

Les déboires de la publicité « directe » ont ouvert la voie, à la suite d'études sur les motivations d'achat, à une publicité plus raffinée, plus suggestive, que l'on peut qualifier d' « indirecte ». Comme le soulignait l'un des maîtres de la profession, Claude Mercus Steiff, proche du fondateur de Publicis : « On vend non des oranges, mais de la santé, non de la lanoline, mais de l'espoir, non un moyen de transport, mais l'appartenance à une classe sociale privilégiée. » La recommandation du praticien rejoint le constat du sociologue André Akoun : « La publicité ne peut ignorer le monde irrationnel, ludique et fantasmatique des motivations. (...) Une annonce publicitaire doit savoir jouer (...) sur la chaîne et la trame du désir. »

La publicité n'a plus jamais cessé, après 1970-1975, de tirer parti de la thèse développée en 1961 par René Girard dans *Mensonge romantique et vérité romanesque* : nos choix sont moins libres que nous le croyons, « que ce soit celui d'une cravate ou celui d'une femme ». En réalité, nous choisissons des objets déjà désirés par un autre, parce que nous voulons, sans nous avouer cette faiblesse, lui ressembler. Nous sommes tous entourés par des « guides d'opinion », auxquels nous nous fions de plein gré, quand nous ne savons plus quoi faire, et par des « modèles » auxquels nous voulons nous conformer, conduits par ces sentiments modernes qui sont, selon Stendhal, les fruits de l'universelle vanité des hommes, « l'envie, la jalousie et la haine impuissante ».

IV. – La société de communication

La communication est devenue, vers la fin du XXe siècle, le signe distinctif de la société moderne. Elle a pris, à ce titre, la place de l'industrie. Les raisons de « communiquer » se sont en effet multipliées, à cette époque, au même rythme que les médias : pour vendre un produit, pour vanter les mérites d'un homme ou d'un parti politique, mais aussi pour donner, d'une entreprise ou d'une institution publique, une image plus favorable.

Les actions de communication, proches en réalité des stratégies et des stratagèmes de la publicité ou des relations publiques, ont une signification différente selon les objectifs qu'elles rêvent d'atteindre. On distingue ainsi, parmi d'autres, la communication d'entreprise, la communication politique, la communication événementielle – celle qui appelle l'attention, par la montée en épingle d'un événement plus ou moins fabriqué –, la communication scientifique et la communication institutionnelle.

Certes, on n'a pas attendu la multiplication des médias et la réputation qu'ils ont réussi à se donner pour influencer les gens, pour éveiller en eux le désir de certains produits de consommation, pour leur inculquer certaines idées, notamment politiques. Ce qui est nouveau, c'est que la communication est devenue une valeur en soi, un idéal, une véritable utopie, si l'on en croit Philippe Breton : plus on communique, mieux c'est.

Quand Paul Watzlawick, fondateur de l'École de Palo Alto, lance la formule : « On ne peut pas ne pas communiquer », il ne valorise pas la communication en tant que telle, il dresse plutôt un constat. Insensiblement, la communication est devenue non seulement le moyen de résolution des conflits, une manière pour chacun de s'épanouir et d'atteindre le bonheur, mais également une fin en soi : la réalisation par l'homme de son humanité. De l'échec du nazisme comme de l'effondrement du système communiste, on a fait, jusqu'aux dernières années du XXe siècle, l'illustration des vertus de la communication. La « bonne » communication aurait chassé la mauvaise, car les totalitarismes reposent sur la manipulation de l'information et le dysfonctionnement calculé de la communication.

Constatant pareille valorisation, comment certains philosophes n'iraient-ils pas jusqu'à trouver dans la communication l'une des sources du malheur de l'homme moderne, perdu, comme le soulignait David Riesman, dans *La foule solitaire*, l'une des causes de cette succession interrompue des modes, qui nous fait entrer dans l' « ère du vide » ou dans l' « empire de l'éphémère » ?

Chapitre IV

L'ÉDUCATION

Les régimes autoritaires ou totalitaires, sans exception, se servent des médias pour « édifier » le peuple, pour le « rééduquer », pour infliger aux gens leur propagande : le cinéma soviétique, avec le réalisme socialiste ; la radio sous Hitler, aux ordres de Goebbels ; les journaux espagnols télévisés ou imprimés sous Franco et, plus près de nous, la mise sous tutelle des organes d'information de la Chine continentale...

Là où règnent les libertés, les médias sont émancipés, et l'éducation retrouve le sens originel que les Grecs lui ont donné : apprentissage des langages de la pensée, l'initiation aux savoirs et à certains savoir-faire, la formation à la citoyenneté. Depuis Gutenberg, le livre est l'auxiliaire privilégié du maître et de l'élève. Lorsqu'elle triomphait, entre 1960 et 1970, la télévision était entrée, comme par effraction, de façon malhabile, dans les salles de classe ; elle n'a pas tenu, loin de là, ses promesses. Avec le multimédia, les professeurs, enfin déchargés des tâches les plus machinales, auront-ils la chance de devenir, demain, semblables au Socrate de jadis, pratiquant la maïeutique avec ses élèves ?

I. – La télévision : un défi pour les maîtres et les parents

L'école, la famille et, le cas échéant, la religion se sont longtemps partagé les tâches de l'éducation, de ce que Montaigne appelait l' « institution » des enfants. Elles avaient fini par trouver un *modus vivendi*, après des décennies de rivalités et de suspicions réciproques. Les parents, les prêtres et les maîtres semblaient chacun assurés de leur bon droit ; ils s'accordaient, selon toutes les apparences, sur leurs vocations respectives, pareillement désireux de ne pas empiéter sur leurs voisins, à la fois associés et rivaux.

Depuis la fin du XIXe siècle jusqu'au milieu du XXe siècle, aucun des grands médias – ni les journaux, ni le cinéma, ni la radio – ne s'était hasardé, de son plein gré, sur le terrain de l'éducation. Seuls les régimes totalitaires – soviétique, nazi et fasciste – les y avaient contraints, mettant chacun d'eux au service exclusif de leur propagande. Mais partout ailleurs, au moins dans les démocraties dignes de ce nom, les grands médias s'interdisaient de faire de l'éducation leur priorité, autant par idéal que par intérêt. Leur vocation était ailleurs : informer ou divertir. S'il leur arrivait d'éduquer – d'enseigner quelque chose, de contribuer à former le jugement –, c'était toujours par surcroît, non par une décision préalable.

Dès ses premiers succès, dans les années 1950, la télévision change brutalement la donne. Pour la première fois, un média défie les institutions traditionnellement vouées à l'éducation. L'école, la famille et les églises, partagées entre l'inquiétude et la fascination, trouvent de bonnes raisons pour s'interroger sur son influence, sur le rôle qui leur incombe face à elle, sur la mission éducative qu'il conviendrait enfin d'assigner au dernier-né des « mass media ».

Avant les parents eux-mêmes, les maîtres d'école s'inquiètent des atteintes portées par la télévision à leur autorité, à leur prestige auprès de leurs élèves. Ainsi cet instituteur d'un village breton interrogé par Claude Brémond, en 1964, affirme-t-il : « Moi, je ne peux apporter des satisfactions immédiates, je suis le maître d'école, dans ma blouse grise, avec la craie (...), comment puis-je faire concurrence à ce qu'il y a justement d'attirant, de séduisant et d'immédiatement satisfaisant à la télévision ? » Cet aveu d'impuissance est relayé auprès de l'opinion par les procès que les essayistes ne manquent pas d'instruire à l'encontre de la télévision : savoir en miettes, superficialité, appel à l'émotion plutôt qu'à la raison... En même temps que les maîtres et les parents tombent – ou croient tomber – de leur piédestal, la télévision semble détrôner l'écrit, de sorte que McLuhan peut annoncer la victoire de Marconi sur Gutenberg.

La télévision ne devait pas s'arrêter en si bon chemin. Ce sont les gouvernements eux-mêmes qui estiment ne pas être en droit de priver l'éducation – prise au sens large – d'un moyen aussi prodigieux. En France, la RTF, comme l'ORTF (Office de la radio-télévision française), son successeur en 1964, doivent, selon leur statut, tout à la fois informer, éduquer et distraire. La merveilleuse lucarne, fenêtre sur le monde, a donc pour mission de décharger les parents et les maîtres d'une part de leur fardeau. La télévision est décrétée « école parallèle » : l'expression sous-entend qu'elle partage avec l'école une charge devenue trop lourde pour cette dernière. Les désillusions d'une école moins égalisatrice, ou plus « reproductrice » des inégalités sociales qu'elle le voudrait, ajoutent encore aux vertus prêtées à la télévision.

Les télévisions scolaires ou éducatives sont nées, partout dans le monde, entre 1960 et 1970, d'une question dont la réponse ne semblait guère faire de doute : pourquoi la télévision ne réussirait-elle pas, là où l'école et la famille semblaient défaillir, sinon échouer ? Dans les pays riches comme, très souvent, dans les plus démunis, les nouvelles chaînes ont tenu leurs promesses : *Sesame Street* a appris l'alphabet à des dizaines de millions d'enfants dans le monde ; des programmes éducatifs ont été diffusés, dans les pays en voie de développement, avec des objectifs sanitaires ou de formation professionnelle. La télévision éducative a échoué chaque fois qu'elle entendait remplacer le professeur, ou que l'on se contentait de filmer un maître devant son tableau noir. Car parfois, il est vrai, on espérait, sans trop le dire, « faire faire l'école » par la télévision ou, en d'autres termes, remplacer l'école par la télévision.

II. – Le multimédia : une chance pour l'éducation

La télévision l'a rappelé à ceux qui étaient tentés de l'oublier : elle ne remplace pas l'école, pas plus que l'écrit n'a supplanté la parole. À tous, le constat s'est imposé bien avant l'arrivée du multimédia : pour l'éducateur, les médias ne sont que des outils, des auxiliaires, utiles certes, voire indispensables, à condition d'être utilisés à bon escient. Pour penser, étudier ou créer, l'homme a souvent besoin de ces mêmes auxiliaires, dont il doit apprendre à faire usage à bon escient. L'homme qui réfléchit ne ressemble pas souvent au penseur sculpté par Rodin, dénudé, sans rien ni personne pour l'aider à former ou à exprimer sa pensée.

Après 1990, le multimédia va plus loin que la télévision sur le terrain de l'éducation, en même temps qu'il tire les leçons de ses échecs ou de ses désillusions. Qu'il soit accessible grâce à un support autonome – un CD-Rom ou un DVD –, ou par la connexion à un réseau – un site web ou un bouquet de services –, le multimédia est utilisable très aisément par n'importe quel « apprenant », quel que soit son âge. L'un de ses atouts est de rendre possible l'individualisation du parcours de l'apprentissage : l'élève travaille à son rythme, quand il le veut, où il veut, sans jamais avoir à rougir lorsqu'il se trompe.

Ainsi, pour les instituteurs, les outils multimédias sont-ils plus qu'un simple auxiliaire. Ils constituent un véritable adjuvant, un stimulant irremplaçable. Non seulement ils ouvrent l'accès très largement à toutes sortes de « documents », par ses bibliothèques, ses musées, ses encyclopédies ou ses expositions virtuels, mais ils permettent également, grâce à l'interactivité, une démarche pédagogique active, offrant au maître la carte personnalisée des difficultés rencontrées par chaque élève, invitant celui-ci à les surmonter avec ses propres moyens, sans jamais quitter ses camarades ni s'exposer à leurs sarcasmes.

Le multimédia est en passe de devenir, partout dans le monde, l'outil privilégié de l'enseignement à distance. Longtemps, ce type d'enseignement s'adressait à ceux qui étaient empêchés, pour une raison ou une autre, de se déplacer pour aller à école ou au lycée. Désormais, le savoir va vers l'élève plutôt que l'inverse. Ainsi, l'enseignement à distance n'est plus un pis-aller, un expédient réservé à quelques-uns, éloignés provisoirement ou définitivement de leurs maîtres ; il devient un nouveau mode d'acquisition des savoirs et des savoir-faire, une nouvelle forme d'accès à la connaissance. Grâce au multimédia, jamais les maîtres et les connaissances n'ont été aussi proches des « apprenants », ni aussi aisément accessibles.

De tous les moyens d'éduquer, le multimédia est sans doute le plus performant. Non seulement par l'étendue du savoir qu'il met à la disposition de tous, par son « interactivité », qui permet d'accéder à ce que l'on souhaite, à la demande, sur mesure et sans frontières, mais également par la diversité des formes d'expression qu'il met à la disposition de l'apprenant – le texte, le son, les images, la vidéo et les données. En permettant au maître comme à l'élève d'aller facilement de l'une à l'autre, le multimédia tire de chacune le meilleur parti possible.

Que les médias apparaissent comme une menace ou comme une chance, ils constituent toujours pour l'éducation un défi, une invitation pressante à clarifier ses objectifs, l'obligation, peut-être, de retrouver sa signification profonde. L'éducation remplit en effet la mission que le philosophe Éric Weil assignait à sa discipline : « agir – philosophiquement – pour rendre l'humanité raisonnable ». Là réside l'une des vertus de l'essor spectaculaire des multimédias dans l'éducation : retrouver les finalités de chacune des formes de *paideïa* – de formation – distinguées par Platon dans *La République*, ce livre dont Jean-Jacques Rousseau disait qu'il est « le plus beau traité d'éducation qu'on ait jamais fait ».

Le philosophe de la Grèce antique assignait plusieurs fonctions à l'éducation. L'enseignement du langage lui semblait primordial : lire, écrire, décrire. Dans le vocabulaire d'aujourd'hui, on parlerait de clefs d'accès au savoir, celles qui permettent de « définir correctement, précisément, fermement, ce que l'on a à l'esprit », pour reprendre la formule de Jacqueline de Romilly. Platon évoquait ensuite l'enseignement encyclopédique : celui des diverses disciplines, des différents savoirs et savoir-faire. Cette deuxième forme de *paideïa* correspond à son idéal « polytechnicien ». Enfin, le fondateur de l'*Academia*, à Athènes, accordait une importance tout aussi grande à la formation du bon citoyen – c'est-à-dire à l'éducation, au sens le plus large et le plus noble du terme –, qui concerne aussi bien la découverte et la fréquentation des chefs-d'œuvre, de ces œuvres qui illustrent le génie humain, que l'apprentissage de la vie en société ou à l'intérieur de la cité.

Évoquer ces trois finalités, comme nous y invitent l'essor des médias et les désillusions des institutions éducatives, c'est souligner à quel point elles sont complémentaires, même si chacune n'occupe pas tout à fait la même place aux différentes étapes de l'éducation, depuis la maternelle jusqu'à l'Université. C'est également suggérer que l'usage du multimédia n'est pas le même et qu'il n'a pas la même signification selon qu'il s'agit d'apprendre à s'exprimer – parler, trouver les mots pour communiquer ce que l'on veut dire –, de s'initier aux savoirs ou aux savoir-faire nécessaires à l'exercice d'un métier, ou de s'exercer à participer aux affaires de la cité et à vivre en harmonie avec ceux qui la composent.

Il ne faut pas, en effet, confondre les médias les uns avec les autres. Ils n'ont pas tous, pour l'éducateur, professionnel ou non, les mêmes vertus. Avec l'interactivité, le multimédia en ligne ouvre l'accès à une multitude de « documents ». Encore faut-il être capable de les trouver ou même savoir, avant de s'en servir, ce que l'on cherche. Il faut, en d'autres termes, apprendre à nager ou à « naviguer » pour ne pas se noyer dans l'océan du Web. Une chose est d'aller chercher, au bon endroit, ce que vous souhaitez trouver ; une autre est de recevoir, parce que vous vous fiez à eux, ce que des professionnels ont choisi pour vous. Dans le premier cas, l'usager, actif devant son écran, ne trouve rien d'autre que ce qu'il cherche ; dans le second, il est passif et découvre souvent ce dont il n'avait aucune idée. Les ingénieurs opposent ainsi, pour le Web, la *pull technology* à la technologie du *push* : l'internaute peut tantôt tirer les « contenus » vers lui, tantôt se contenter de recevoir ceux que d'autres ont « poussés » ou acheminés vers son ordinateur.

L'essor spectaculaire du multimédia vient confirmer la leçon que la télévision nous avait donnée : le maître est irremplaçable. Lui seul peut en même temps enseigner aux élèves à s'exprimer, à juger, à apprendre et à vivre ensemble. Et si la machine – le CD-Rom, le DVD, la consultation des banques de données – le décharge de ce qui est machinal ou automatique, il se consacrera d'autant mieux à ce que lui seul peut faire, à ce que lui seul sait faire : cultiver l'esprit critique et éveiller l'esprit civique. Les progrès des médias – leur abondance et leurs performances respectives – les ont rétablis dans leur statut : celui d'auxiliaires, de serviteurs plutôt que maîtres. Ce sont ces mêmes progrès qui distinguent les vocations respectives du journaliste et de l'éducateur. « Nous, journalistes, écrivait Jean Schwoebel dans les années 1960, nous sommes les instituteurs du XXe siècle. » L'identification est aussi dangereuse, pour les libertés, que l'était, au temps de Balzac, l'assimilation des journalistes aux publicistes – les écrivains politiques – ou aux hommes de lettres. Dans une société démocratique, en effet, les médias ont pour vocation d'éveiller la curiosité pour des sujets ou des affaires – notamment publiques – que seuls, bien souvent, les apprentissages apportés par l'école permettent de comprendre. Du reste, en vertu de ces mêmes principes qui rendent obligatoire pour tous la fréquentation de l'école, l'usage des médias est facultatif, ce qui les incline vers le divertissement.

Ce que Steven Jobs, cofondateur de Apple, affirmait à propos des CD-Rom, en 1999, s'applique également aux autres médias : « On peut mettre sur CD-Rom l'ensemble des connaissances. On peut installer un site internet dans chaque classe. Rien de tout cela n'est fondamentalement mauvais, sauf si cela nous berce de l'illusion que l'on s'attaque ainsi aux maux de l'éducation. » Si l'on en croit Platon, encore faut-il, pour que l'éducation soit possible, que la société ne soit pas « corrompue » et qu'elle garde cette *Moïra*, cette « chance de moralité » invoquée par le philosophe dans le *Ménon* et dans *La République*.

TROISIÈME PARTIE

LES MÉDIAS EN QUESTIONS

Par les espoirs et les craintes qu'ils inspirent, les médias, depuis les réflexions de Platon sur l'écriture, sont un révélateur pour la société, le miroir de ses angoisses et de ses espérances. De la technique, sommes-nous devenus les maîtres ou les esclaves ? La bonne information est-elle celle que l'on attend, ou plutôt celle que l'on ne veut pas entendre ? La culture n'est-elle pas mise en péril par une société vouée aux loisirs et aux divertissements ? La mondialisation économique, une fois refermée la parenthèse des barbaries du siècle passé, fera-t-elle échapper l'humanité au dilemme de l'uniformité et de la fragmentation ? Ou bien annonce-t-elle au contraire l'avènement d'un village planétaire et d'une paix universelle ?

Chacune de ces questions nous impose le détour par l'examen des médias, de leurs usages et de leur influence, un détour qui nous enseigne combien leur sort est lié à celui de la technique et de l'économie, mais aussi et surtout à celui de la politique. Pour attendre des médias qu'ils jouent un rôle qui n'est pas le leur, on prend le risque de les empêcher de jouer le rôle qui devrait être le leur. On ne peut leur demander de vaincre à eux seuls, nos ignorances, nos indifférences et nos intolérances. Dans ce combat, ils ne sont même pas en première ligne.

Chapitre I

ANCIENS ET NOUVEAUX MÉDIAS

À l'instar de l'écriture selon Platon, les médias sont des prothèses pour la pensée ou la réflexion. Ils sont un creuset où la pensée se forge, et permettent de la communiquer à un ou plusieurs destinataires, selon des formes diverses. Depuis l'invention de l'imprimerie, les médias n'ont guère cessé de promouvoir de nouvelles formes d'expression, qui sont autant de moyens, pour l'homme, de créer des œuvres nouvelles, glorieuses ou dérisoires. On pourrait ainsi réserver aux médias le sort que l'anthropologue André Leroi-Gourhan attribuait aux outils : « Il y a possibilité de langage à partir du moment où la préhistoire livre des outils, puisque outil et langage (...) sont indissociables dans la structure sociale de l'humanité. »

I. – Les médias : le procès permanent

De l'écriture, Platon fait dire à Socrate, dans le *Phèdre*, qu'elle est un *« pharmakon »* : à la fois une drogue, dangereuse, aux effets imprévisibles, et un remède, capable par conséquent de pallier les insuffisances ou les défaillances de la pensée. Dans la scène imaginée par Socrate, le petit dieu Teuth présente ainsi son invention au roi Thamous, roi d'Égypte : « Voici (...) une connaissance qui rendra les Égyptiens plus savants, et leur donnera plus de mémoire : mémoire et science ont trouvé un remède. » L'écriture, argumente Teuth, étendra considérablement la portée des messages.

Thamous ne partage pas l'optimisme de son interlocuteur : « [L'écriture] développera l'oubli dans les âmes de ceux qui l'auront acquise par la négligence de la mémoire ; se fiant à l'écrit, c'est du dehors (...), et non du dedans, et grâce à l'effort personnel, que l'on rappellera ses souvenirs. » Et Socrate d'ajouter, à l'adresse de *Phèdre* : « Une fois écrit, chaque discours s'en va rouler de tous côtés (...) ; si des voix discordantes se font entendre (...), il a toujours besoin du secours de son père. À lui seul, en effet, il est incapable de repousser une attaque et de se défendre lui-même. » Le philosophe plaide contre l'écrit en faveur de l'oral. La parole vive – ou vivante – peut seule, selon lui, servir la pensée.

Les mêmes arguments sont inlassablement repris, depuis ce dialogue, chaque fois qu'un nouveau média apparaîtra, ou qu'une nouvelle technique, fière de ses prouesses, prendra le risque de s'imposer face à ses devancières. Ainsi l'essor de la télévision a-t-il ouvert la polémique entre l'écrit et l' « audiovisuel ». Pourquoi, cependant, la télévision serait-elle condamnée à ne pas penser, à ne jamais donner à penser ? Pourquoi l'émotion, qu'on l'accuse de privilégier, ne serait-elle pas une forme de la pensée, le point de départ d'une réflexion ? Le débat rebondit avec l'arrivée du Web. Les images virtuelles, par exemple, n'ouvrent-elles pas des voies nouvelles pour l'action, pour la création, pour la connaissance ?

Le constat s'impose : l'arrivée d'un nouveau média représente toujours un défi, non seulement pour ceux qu'il vient concurrencer, mais également pour l'ordre que ces médias finissent par imposer, dans l'information, dans le divertissement, dans les savoirs et les conditions de leur divulgation. La reprise des mêmes arguments qui plaidaient, jadis, en faveur de l'oral contre l'écrit désigne, avant toute autre chose, l'irrésistible orgueil des hommes. Ils préfèrent dénigrer les médias plutôt que d'avouer à quel point ces derniers leur sont utiles, pour juger ou pour rêver, pour apprendre ou pour créer quelque chose.

II. – « Le message, c'est le média »

Après la Seconde Guerre mondiale, ce sont principalement les messages transmis par les médias qui retenaient l'attention. Dans le sillage du *Viol des foules*, l'essentiel semblait résider dans le contenu des messages et dans la façon dont ceux-ci étaient agencés, pour séduire, pour persuader ou pour influencer. Au début des années 1960, Marshall McLuhan appelle l'attention non plus sur les messages, mais sur les médias eux-mêmes. Tandis que la télévision, impériale, progresse irrésistiblement, la réflexion se déplace des contenus vers les contenants. *The medium is the message* : l'important, selon lui, n'est pas le contenu des messages, mais le média grâce auquel celui-ci est transmis.

L'effet des médias n'est donc pas celui que l'on croit : il réside dans le « massage » que ces derniers exercent, à la longue, sur nos modes de penser, d'agir ou de sentir. *The message is the massage.* Loin d'être des moyens ou des techniques parfaitement neutres, les médias agissent sur la culture et sur l'ordre social, après avoir exercé leur influence, subreptice et irrésistible, sur nos façons d'appréhender le monde sensible. Chemin faisant, l'essayiste canadien répartit les médias en deux catégories : les médias sont « chauds » – *hot* – lorsqu'ils mobilisent un seul sens, comme la presse ou la radio, favorisant peu, du même coup, la « participation » de leurs destinataires ; ils sont « froids », à l'inverse – *cool* –, comme le téléphone et la télévision, moins expressifs et plus « suggestifs », quand ils sollicitent davantage la participation de ceux qui les utilisent.

La distinction, certes, peut paraître arbitraire : la notion de participation est passablement équivoque. Et s'il est vrai que les médias influent sur nos manières de percevoir ou de penser, nous ne sommes pas pour autant insensibles ou indifférents au contenu des messages qu'ils convoient pour nous.

L'influence de McLuhan n'en est pas moins considérable. Il donne ses lettres de noblesse à la thèse selon laquelle les médias influent, subrepticement, sur l'ensemble de nos activités, sur la nature du lien qui unit les hommes les uns aux autres, sur le cours, en définitive, de leur histoire. Il fait surtout des médias et de ce que l'on appellera, quelques années plus tard, les « nouvelles technologies de l'information et de la communication », tout à la fois le signe distinctif du monde moderne et un remède universel qui agit sur tous ses maux. Il favorise enfin, par ses intuitions et ses provocations, l'essor d'une nouvelle discipline, la médiologie, portée sur les fonts baptismaux en 1991 par Régis Debray, qui étudie tous les « appareillages de la pensée », leur effet sur les individus, comment changent, « en douce », leurs idées, leurs croyances, « quand on passe du livre à la radio, ou du Parlement au plateau de télévision... ».

III. – Les médias : leur usage et leur destinée

La représentation que l'on se fait de l'influence des médias n'est plus la même après McLuhan : elle oscille entre deux visions opposées. D'un côté, les idéalistes considèrent que les médias sont neutres, capables seulement de faire circuler mieux et plus vite des messages – des opinions, des idées, des croyances –, sur le contenu desquels ils n'ont aucune prise. D'un autre côté, on cède à une sorte de déterminisme – ou de fatalisme –, selon lequel ces mêmes messages – par conséquent la culture, entendue largement, ses activités, ses œuvres – sont sous l'empire exclusif des médias, qui en déterminent unilatéralement le contenu et la signification.

À l'instar de nos outils ou de nos machines, les médias ne sont en réalité ni aussi neutres ni aussi tyranniques – ou salvateurs. La technique n'impose rien ; elle propose et l'homme dispose, ou compose. À leur naissance, les médias n'ont ni feuille de route, ni ordre de mission. Leur destinée dépendra de l'usage que les hommes en feront, en fonction de leurs désirs, de leurs besoins ou de leurs croyances. Ce n'est pas Gutenberg qui a fait la Réforme, mais l'inverse : les réformés, certes, ont tiré parti de l'imprimerie pour propager leurs idées, mais celles-ci étaient apparues un siècle plus tôt, dans les plus grandes cités de l'Europe du Nord. Sans la liberté d'expression, proclamée solennellement près d'un siècle plus tôt, jamais les rotatives n'auraient permis l'avènement, au XIXe siècle, des grands journaux quotidiens. Le secret de leur avenir, les médias qui naissent aujourd'hui sous la bannière du Web et du multimédia seraient bien inspirés de le chercher, non dans les discours ou les rêves des ingénieurs, mais parmi leurs usagers, du côté de leur idéaux, souvent inexprimés, ou de leurs besoins, encore insatisfaits.

Chapitre II

MALAISE DANS L'INFORMATION

Jamais les accusations portées contre les organes d'information – journaux et magazines, imprimés ou télévisés – n'ont été aussi nombreuses, ni aussi graves, que depuis le début des années 1990. L'affaire des faux charniers de Timisoara est la première d'une longue série d'événements similaires : le cormoran breton qui illustre les dévastations au Koweit ; une grève des fonctionnaires, en août 1990, à Toulouse, relatée à l'aide d'images d'une autre grève ; les manifestations pro-irakiennes à Alger illustrées par des images de Beyrouth. En janvier 1991, on « gonfle » à dessein le nombre des victimes du cyclone Mitch, pour rehausser le récit des envoyés spéciaux au Honduras... En 1985, il y eut cette image inutile, « en trop » : aucun treuil n'est arrivé à temps pour sauver la jeune Omeyra, victime de l'irruption d'un volcan, en Colombie, et dont plusieurs caméras filmaient pourtant l'agonie.

En point d'orgue, avant la fin du XXe siècle, les paparazzi sont tenus pour responsables, par beaucoup, de l'accident qui entraîna la mort de la princesse Diana. Quelques mois plus tard, un quotidien sportif doute des capacités d'Aimé Jacquet – un « brave type » – pour conduire l'équipe de France à la victoire, au Mondial de football de 1998. Après le succès des Bleus, le rédacteur en chef de *L'Équipe* dit ses regrets et présente ses excuses. Entre les deux, un prix a failli être attribué à un reportage, *Les voleurs d'yeux* : vérification faite, l'histoire était inventée de toutes pièces, afin d'émouvoir et de susciter l'indignation. Images dérobées, reportages plus ou moins « bidonnés », faux scoops ou défaillances coupables, voyeurisme inconvenant et recours au sensationnel : les accusations coïncident avec la fin de la guerre froide et se poursuivent avec l'annonce d'une ère nouvelle pour les médias, inaugurée, après 1992, par l'essor d'Internet.

I. – L'ère du soupçon

Après le Watergate, l'Irangate et le *Rainbow Warrior*, l'information serait-elle victime, déjà, de ses succès ? Trop sûre d'elle, au point d'oublier, parfois, les lois professionnelles ou morales qu'elle s'est donnée ? Un seuil en tout cas semble avoir été franchi. Certes, on ne met plus en cause la légitimité des journalistes. Jamais, au contraire, elle n'a été mieux acceptée, et le monde entier se rallie, au moins en paroles, à l'idée selon laquelle la démocratie et la liberté de la presse sont inséparables. Mais les journalistes sont parfois accusés d'abuser de leur liberté, d'en faire l'alibi de leur irresponsabilité : le journalisme peut donner l'impression de « tourner au corporatisme de l'irresponsabilité », selon l'expression de Jean-Louis Servan-Schreiber.

C'est ainsi que s'ouvre l'ère du soupçon : le mot « désinformation » surgit à nouveau, pour désigner ce qu'en d'autres temps et pour d'autres régimes on appelait « propagande ». Le mot, cette fois, désigne une tout autre réalité : non plus les « manœuvres spéciales » de Lénine, en 1921, pour déstabiliser les pays « capitalistes », ni les orchestrations nazies, démasquées trop tard par Tchakhotine, mais cette accumulation de défaillances et de manquements dont les conséquences sont d'autant plus redoutables sur l'opinion et sur l'esprit public qu'elles demeurent, souvent, inavouées ou impunies.

Certains faits semblent-ils présentés de façon partielle ? D'autres simplement négligés ou oubliés ? D'autres enfin montés en épingle, ce qui leur donne une importance qu'ils n'ont pas ? Dans tous les cas, le procès est à la fois facile et injuste. Il accuse les médias de vouloir inculquer au public une opinion ou une idéologie, à son insu, tout en feignant de l'informer aussi objectivement que possible. La désinformation, en ce sens, est l'autre nom de la propagande. Avec, néanmoins, une grande différence : la désinformation n'avoue pas sa véritable identité, elle prétend même faire le contraire de ce qu'elle fait, afin de n'éveiller aucun soupçon et de ne soulever aucune résistance.

Il y a loin, certes, de la dénonciation des « dérapages » de certains reportages au procès d'intention, instruit à l'encontre de tous les organes d'information ou, tout au moins, de la majorité d'entre eux. La dénonciation des erreurs est légitime et salutaire ; le procès pour désinformation transforme les journalistes en boucs émissaires, faisant ainsi peser une lourde menace sur la démocratie. Le passage de l'un à l'autre n'est pas certain. Il est sans doute peu probable. Il n'en demeure pas moins possible.

II. – L'information menacée ?

Pourquoi ce malaise, aujourd'hui, dans l'information ? Pourquoi la crédibilité – ou le crédit – de l'information est-elle mise en doute, alors que les médias n'ont jamais été aussi nombreux, variés et performants ? Sans doute l'information souffre-t-elle, dans tous les pays, mais plus peut-être en France que partout ailleurs, de l'hégémonie de la télévision. La presse semble avoir perdu la partie. Elle ne précède plus la télévision, elle la suit. Les journaux imprimés, qui marquent la naissance des médias, auraient dû rester la terre d'élection de l'information. La presse est trop souvent piégée par la télévision : dépassée, submergée ou subvertie. L'écrit n'est pas, dans l'absolu, supérieur à l'image. Cette mauvaise querelle empêche souvent de poser la vraie question. Chacun a ses limites et ses mérites. Loin de s'opposer, l'écrit et l'image sont complémentaires. Bien plus : ils sont, chacun, un garde-fou pour l'autre. Tout ne passe pas par l'écrit. Mais tout ne passe pas non plus par l'image.

Sans doute l'information est-elle également trop pressée. La révélation du scoop a pris le pas, souvent, sur d'autres exigences, le devoir de rigueur, la vérification nécessaire, l'indispensable mise en perspective. L'obsession de la vitesse fait courir les plus grands risques à l'information, et elle produit sur ses destinataires un effet de sidération, au sens médical du terme.

L'information, enfin, n'aligne-t-elle pas ses méthodes, parfois, sur celles du divertissement, du *show business* et de la publicité ? Le recours systématique à l'image et la course de vitesse entre les médias participent, en un sens, de la même exigence : plaire et séduire, au prix de facilités ou de concessions qui sont autant de dérogations aux lois du journalisme.

III. – Le débat sur la déontologie

L'hégémonie de la télévision, la course de vitesse à laquelle se livrent les médias, le mélange des genres entre l'information et le *show business* : ces menaces ont permis d'ouvrir à nouveau le débat sur la déontologie des journalistes. C'est pour la mieux définir, pour mieux veiller à son respect, que des institutions ont été mises en place : conseils de presse, selon l'exemple britannique, médiateurs – *ombudsmen* – au sein des rédactions, suivant le modèle suédois, des revues ou des émissions de radio ou de télévision qui dénoncent les dérives de l'information. Comme le soulignait Jean Daniel en 1987 : « La meilleure manière de protéger les journalistes contre la tentation d'un abus de leur pouvoir, c'est d'entretenir un débat permanent sur leurs responsabilités. »

La loi, en effet, ne suffit pas. Elle fixe seulement des limites dont le franchissement est sanctionné par le juge. Le marché ne suffit pas davantage. Sa seule vertu est de permettre au public d'exprimer ses préférences, en choisissant ses journaux ou ses émissions de télévision. La déontologie – ces règles que la profession se donne à elle-même – sert d'adjuvant à l'exercice, par les journalistes, de leurs responsabilités. Elle est une béquille pour la responsabilité individuelle du journaliste. Elle ne la remplace pas ; elle ne doit surtout pas devenir un alibi pour l'irresponsabilité individuelle.

La liberté de l'information n'est certes pas en danger chaque fois qu'on met en cause un journal ou la façon dont une enquête est menée. Le journaliste, en revanche, fait peser sur l'information une lourde menace lorsqu'il joue un rôle qui n'est pas le sien, quand il est atteint du « syndrome de l'oracle », prédisant l'avenir plutôt que de raconter le présent, se trompant ainsi sur la mission que la démocratie lui assigne : être un spectateur et non un acteur, un observateur plutôt qu'un instituteur, un greffier et non un avocat ou un procureur, un médiateur plutôt qu'un censeur.

Il peut arriver que l'information n'accomplisse pas sa fonction, en démocratie, parce qu'elle prétend exercer un rôle qui n'est pas le sien : celui de la Pythie de Delphes, chargée de transmettre les oracles des dieux, plutôt que celui de la vigie, apparemment moins glorieux, chargée de surveiller le large, en observation dans la mâture ou à la proue du navire.

Chapitre III

LES MÉDIAS : UN QUATRIÈME POUVOIR ?

Edmund Burke, homme politique et écrivain britannique, utilisa pour la première fois l'expression « quatrième pouvoir » pour condamner, en 1790, la Révolution française. En 1840, Balzac lui emprunta la formule, dans ce même article de *La Revue parisienne* où il lançait sa célèbre diatribe : « Si la presse n'existait pas, il ne faudrait pas l'inventer... » En juin 1978, Alexandre Soljenitsyne, s'adressant à des étudiants de Harvard, lançait cet avertissement aux démocraties occidentales : la presse est devenue la force la plus importante des États-Unis ; elle dépasse, en puissance, les trois autres pouvoirs.

En 1984, un journaliste français, François-Henri de Virieu, connu pour avoir interrogé la plupart des hommes politiques dans l'émission télévisée hebdomadaire, *L'Heure de vérité*, publie un livre intitulé *La médiacratie*. Il plaide en faveur d'un régime qu'en bon démocrate il devrait condamner : celui dont le pouvoir, son organisation et son fonctionnement est sous l'empire exclusif des grands organes d'information, et notamment de la télévision. Le mot *mediaklatura* est utilisé, à la même époque, pour dénoncer ceux qui utilisent les médias – les dirigeants et les journalistes – pour manipuler l'opinion ou pour téléguider les pouvoirs établis – à l'instar de la *nomenklatura* de l'Union soviétique. Quinze ans plus tard, Serge Halimi, disciple du sociologue Pierre Bourdieu, assimile les journalistes à de « nouveaux chiens de garde ». Il fait d'eux à la fois les complices des puissants et leurs propagandistes zélés.

I. – Les hommes d'influence

Médiacratie, quatrième pouvoir, journalistes « chiens de garde » : à l'encontre des médias d'information, le procès est permanent. Les accusations se nourrissent d'abord d'une surestimation du « pouvoir » des médias, de leur capacité à persuader les gens, à les faire changer d'avis, à les faire agir autrement qu'ils le voudraient. Les citoyens sont en réalité moins désarmés qu'on ne le croit, moins crédules qu'on ne l'imagine. Les accusations semblent également résulter de l'ignorance de la véritable influence des médias et de la méconnaissance, souvent, du rôle qui devrait être le leur, dans une démocratie digne de ce nom. Les grands médias d'information agissent « à la longue », par insinuations répétées, influençant l'« air du temps » ou le « climat d'opinion » ; leur action emprunte des voies différentes et elle n'a pas la même portée selon le rôle qu'on leur assigne et la façon dont ils l'interprètent.

Aucune enquête n'a jamais réfuté les conclusions formulées par Elihu Katz et Paul Lazarsfeld en 1955 dans *Personal Influence*. Non seulement elles confirment, à l'occasion de chaque élection, que notre perception est sélective : nous n'entendons le plus souvent que ce que nous voulons bien entendre. Mais, surtout, nous nous fions volontiers à nos proches, sans en être toujours conscients, chaque fois que nous hésitons, ce qui fait de ces guides d'opinion, de ces « hommes d'influence », de véritables relais entre les médias et chacun d'entre nous. Ainsi l'influence des médias est-elle médiate plutôt qu'immédiate, indirecte et limitée. Elle emprunte la voie de relais censément qualifiés pour filtrer tout ce qui provient des « mass media ». Ceux-ci n'agissent pas seuls, ni directement ; ils composent, toujours et partout, avec le bouche à oreille.

Nous sommes loin, avec Lazarsfeld et Katz, du « viol des foules » de Tchakhotine, de ces médias dont la puissance, invincible, surpasserait les trois pouvoirs de Montesquieu. Les apprentis sorciers de la persuasion se heurtent à des résistances nombreuses et souvent imprévisibles ; leur entreprise produit parfois des effets « boomerang », contraires à ceux qu'ils attendaient ou espéraient. L'influence des médias peut paraître mystérieuse, tant elle est difficile à mesurer ou à évaluer, après coup, et impossible, *a fortiori*, à prévoir : elle ne dépend pas seulement de ce que les gens « font » des médias ; elle dépend de ce qu'ils en attendent ou de ce qu'ils en espèrent ; elle dépend enfin de ce qu'ils « pensent ». La résistance aux médias est d'autant plus grande qu'on les croit tout-puissants, capables de modifier à volonté les opinions ou les comportements des gens ; à l'inverse, on ne leur oppose aucun contrepoison, quand on les imagine parfaitement inoffensifs. Là réside le mystère ou l'ironie du « pouvoir » des médias : il est d'autant plus grand qu'on le croit faible, d'autant plus faible qu'on le croit grand.

II. – L'action des médias sur l'« air du temps »

Les médias agissent ainsi sur ce que Élisabeth Noëlle-Neumann appelle le « climat d'opinion ». Spécialiste des sondages, la sociologue explique par la « spirale du silence » le parallélisme qu'elle observe entre les contenus des médias dominants – les ténors – et l'opinion du public – autrement dit, entre les opinions propagées par les médias et celles qui sont exprimées par leurs usagers –, résultat presque mécanique de la propension de chacun à se rallier à une opinion que les médias lui présentent comme étant celle de la majorité, ou celle des experts les plus qualifiés. C'est à la faveur de ce mécanisme psychologique qu'une minorité peut se prendre pour la majorité, que la majorité finit par se tromper sur la majorité, et que les journalistes de quelques médias, parmi les plus en vue, imposent une opinion à leurs concitoyens. Le mécanisme joue d'autant mieux que le terrain est vierge, que le sujet n'offre encore aucune prise aux préjugés, que l'on se trouve par conséquent dans une situation de « table rase ».

Sur plusieurs registres, les médias influent sur l'opinion, à son insu ou contre son gré. Ils choisissent l'ordre du jour – *agenda* en anglais – lorsqu'ils hiérarchisent les événements de l'actualité, mettant l'accent sur certains et jetant les autres dans l'ombre, au gré d'une subjectivité souvent implicite. Ils opèrent ensuite un certain « cadrage » de l'information – *framing* –, par le contexte dans lequel ils inscrivent les événements rapportés. Ainsi l'évocation de l'exception culturelle, en France, est-elle invariablement rapprochée du nom de l'ancien ministre Jack Lang, comme l'est celle de la « malbouffe » du nom de José Bové. Enfin, les médias produisent un effet dit d'« amorçage » – *priming* – lorsqu'ils désignent les critères au regard desquels une politique – et une personnalité politique – seront jugées, en insistant sur certains faits ou certains enjeux plutôt que sur d'autres. Par cet effet d'« amorçage », les médias, en même temps qu'ils choisissent le terrain sur lequel se livre la bataille des idées et des hommes, déterminent les critères qui décideront de leur succès ou de leur échec.

Les études et le bon sens se rejoignent. Le « pouvoir » des médias se heurte à la « résistance » des individus, résistance variable qu'il ne faut pas sous-estimer ; ce pouvoir s'exerce subrepticement, moins par l'imposition directe d'une opinion que par l'inculcation clandestine de faits ou d'idées qui en favorisent l'adoption. Il reste que l'invocation d'un « quatrième pouvoir » repose sur un malentendu : on ne saurait confondre un pouvoir d'influence, si grand soit-il, avec ces pouvoirs d'État – le législatif, l'exécutif –, disposant chacun de la contrainte pour faire exécuter leurs décisions. Erronée, l'invocation d'un « quatrième pouvoir » est également dangereuse pour les libertés lorsqu'elle sert d'alibi à ceux qui rêvent, au nom des libertés, de soumettre les médias à des lois comparables à celles qui visent l'organisation et le fonctionnement de l'État, seul détenteur légitime du pouvoir de contraindre ses ressortissants.

Internet cherche aujourd'hui à se trouver une destinée dans l'information, comme la radio et la télévision le faisaient, dans les années 1960-1970, avec les « flashs » d'Europe 1 ou de RTL, et les « Cinq colonnes à la une » de la RTF. Pourquoi des « amateurs » ne pourraient-ils pas s'improviser journalistes, se risquer au redoutable exercice de la parole publique, puisqu'ils sont soumis au même droit et aux mêmes juges que les professionnels ? La frontière n'est pas entre les amateurs et les professionnels : elle sépare ceux qui jouissent de la confiance de leurs lecteurs ou de leurs auditeurs et ceux qui, internautes, experts ou journalistes, ne parviennent pas à acquérir cette confiance.

L'utopie d'un monde où tous seraient journalistes, grâce au Web « participatif , ne peut conduire qu'au cauchemar d'un monde sans journalistes, un monde voué à la désinformation, au sens littéral du terme.

Chapitre IV

LES MÉDIAS CONTRE LA CULTURE ?

Depuis l'avènement des journaux quotidiens – *La Presse* de Girardin, le *Times* de Londres ou le *Herald* américain, la destinée des médias – le cinéma, la radio, la télévision, la presse – est liée aux libertés : liberté de faire, liberté d'entreprendre, liberté de penser, liberté de créer, liberté de communiquer.

Dans *La société ouverte et ses ennemis*, Karl Popper considérait, en 1945, que l'économie de marché était la « compagne », difficile et parfois infidèle, de la démocratie politique. À ces deux institutions – le marché et la démocratie –, on pourrait en ajouter une troisième : les médias, avec leurs modes d'organisation et de fonctionnement. La société ouverte – la « grande société » de l'économiste autrichien Friedrich Hayek – est un ménage à trois. Les médias ont besoin des libertés économiques et politiques pour s'émanciper, pour conquérir leur autonomie ; en retour, ils sont indispensables à l'économie de marché comme à la démocratie politique.

Soumis aux lois du marché, à la « recherche du profit maximal à court terme », pour parler comme Pierre Bourdieu, les médias ne mettent-ils pas la culture en péril ? Conçus et réalisés avec le seul espoir de plaire au plus grand nombre, les livres, les journaux, les films et les programmes de radio ou de télévision ne sont-ils plus que des « marchandises » ? Des « produits » comme les autres, jetés aussitôt consommés, plutôt que des œuvres, préservées ou conservées parce qu'elles inspirent le respect ou l'admiration ?

I. – Les médias : une industrie et un marché

Aucun média n'y échappe. Comme les journaux au XIXe siècle, les programmes de télévision et les DVD sont aujourd'hui produits, selon des techniques industrielles, pour être vendus à des acheteurs qu'ils souhaitent nombreux, aussi nombreux que possible. Les médias obéissent ainsi à une double logique, à la fois industrielle et commerciale. Leur mode de production est calqué sur celui d'industries comme l'automobile ou l'équipement ménager, et leur stratégie est celle qu'impose tout marché de masse.

Réunis à Francfort, après 1923, au sein d'un institut de recherche sociale, des philosophes proches de la pensée de Hegel et de Marx ont dressé le premier réquisitoire argumenté contre ce qu'ils appelaient l' « industrialisation de la culture » : l'application aux productions intellectuelles, aux œuvres de l'esprit, de ces mêmes recettes – la division et l'organisation du travail, la production « à la chaîne » de produits semblables les uns aux autres – qui firent le succès de l'industrie automobile, à Détroit ou ailleurs. Ce que dénonçaient Theodor Adorno, Max Horkheimer et Herbert Marcuse, les principaux représentants de l'École de Francfort, c'est la « standardisation » de la culture, sous l'effet de pareilles exigences, en même temps que sa conséquence inévitable, le conformisme des esprits, leur « unidimensionnalisation », l'inculcation de ce qu'on appellerait aujourd'hui une « pensée unique ».

Le réquisitoire allait de pair, en réalité avec une conviction, largement répandue à l'époque : celle de la toute-puissance des médias, de leur capacité à inculquer ce qu'ils veulent, quand ils le veulent. Il était solidaire, pareillement, de cette volonté de faire des médias un instrument d'émancipation des citoyens et de lutte contre les inégalités sociales. Aujourd'hui, à l'épreuve des faits, le réquisitoire a beaucoup perdu de sa force. Les enquêtes de Lazarsfeld ont durablement mis en cause la « toute-puissance » des médias. En outre, parmi ceux qui attendaient des médias qu'ils fassent des miracles, beaucoup ont été déçus. Les médias, et les techniques dont ils s'accompagnent, si prodigieuses soient-elles, n'ont pas pour vocation de guérir la société de tous ses maux – de ses paresses, de ses indifférences, de ses intolérances ou de ses inégalités.

Évoquant l'avènement d'une « culture de masse », Edgar Morin est moins sévère. Avec le sociologue américain Léo Bogart, il redoute l'uniformité des sociétés modernes et le déclin des cultures minoritaires ou « particulières », sous l'effet conjoint d'une télévision toujours plus puissante et de l'importance accrue des classes moyennes. Mais la culture, sous le double empire des médias et de l'économie marchande, n'est pas selon lui irrémédiablement médiocre, mais simplement moyenne. Son « mode de production » favorise « les esthétiques moyennes, les audaces moyennes, les intelligences moyennes et les bêtises moyennes ». Pour Edgar Morin, un équilibre doit toujours être trouvé entre deux exigences contraires : d'un côté, les contraintes de la production moderne, avec ses divisions, ses hiérarchies et ses contrôles ; de l'autre, la nécessité d'offrir, en bout de chaîne, des « productions » qui, au moins apparemment, sont uniques, qu'il s'agisse de journaux, de films ou de feuilletons de télévision.

II. – La logique de la consommation maximale

Avant toute autre chose, les médias recherchent le profit. Ils voudraient que tout se vende, que tout s'achète. Pour atteindre leur objectif, ils s'emploient à répondre aux attentes de leurs « clients », ils cherchent avant tout « à plaire et à séduire ». Le marché, c'est ce qui marche ; la concurrence, quant à elle, permet seule de laisser le dernier mot aux clients. « Que le meilleur gagne ! » : tel est l'adage populaire. Pourtant, la mauvaise monnaie ne finit-elle pas, parfois, par chasser la bonne, en économie comme ailleurs ?

L'Audimat est devenu le symbole du déclin de la culture. Les œuvres offertes par les médias s'alignent sur la facilité ou sur le conformisme, sur les désirs les plus médiocres ou les attentes les moins exigeantes. Dans *La crise de la culture*, paru en 1954, Hannah Arendt évoquait le danger d'une dissolution de la culture dans le divertissement : « [Ils] détruisent la culture pour engendrer le loisir et modifient les objets culturels en vue de persuader les masses qu'*Hamlet* peut être aussi divertissant que *My fair lady* et, pourquoi pas, tout aussi éducatif. » En 1987, Alain Finkielkraut ne dit pas autre chose, dans *La défaite de la pensée* : « La logique de la consommation détruit la culture. » À ses yeux, les médias, soumis aux lois du marché, favorisent l'essor d'un relativisme corrosif ou destructeur : tout se vaut, donc rien ne vaut, Isaac Stern et les Beatles, Shakespeare et le Top 50.

Ces diagnostics, en réalité, oublient la diversité croissante des médias. « Il y en a pour tous les goûts » et les médias excellent pour le meilleur comme le pire, d'autant plus qu'ils sont libres et nombreux. Ces diagnostics confondent pareillement, dans leur empressement, l'Audimat et le marché. L'Audimat est la dénomination commerciale d'un appareil connecté à un téléviseur afin d'enregistrer les périodes pendant lesquelles il est allumé. L'usage a fini par imposer le mot pour désigner non seulement les mesures que cet appareil permet d'opérer, mais également le fait, pour les dirigeants d'un média, de choisir les programmes en fonction des indications fournies par ces mesures. La tyrannie de l'Audimat, en l'occurrence, n'est rien d'autre que le « suivisme » des médias, qui consiste à ne jamais proposer que des programmes ayant déjà « marché », à écarter par conséquent tout ce qui pourrait surprendre, étonner ou dérouter leurs publics habituels.

Ainsi entendu, l'Audimat n'est pas, à l'évidence, le marché. Tout entrepreneur sait qu'il doit en même temps suivre et précéder ses clients. Renoncer à anticiper leurs désirs, leurs besoins, leurs caprices reviendrait pour lui à ne jamais innover, à ne jamais prendre le risque de conquérir de nouveaux marchés, ou celui de ne pas conserver les anciens. Telle est bien la loi du marché : c'est courir un grand risque que de ne jamais prendre de risques. Les responsables d'un média qui suivraient seulement l'Audimat seraient comparables au chauffeur d'une voiture qui se contenterait de regarder ce qu'il vient de passer, derrière lui, dans le rétroviseur. Le résultat est assuré : s'il ne regarde pas devant lui, il va dans le mur, au sens propre ou au sens figuré de l'expression.

III. – Les médias et la vie des idées et des œuvres

On peut recenser une infinité de définitions de la culture. Comme la philosophie selon Maurice Merleau-Ponty, elle « s'épuise à définir son propre objet ». Si l'on considère ses relations avec les médias, elle présente deux aspects, séparables pour l'analyse, en réalité complémentaires : d'un côté, les œuvres du passé, quelles qu'elles soient, fréquentées par des hommes ayant chacun un regard à nul autre pareil ; de l'autre, la création d'œuvres nouvelles, savantes ou artistiques, forgées dans le creuset des œuvres du passé, mais rompant en même temps avec elles. La vie des idées ou des œuvres – la vie de l'esprit, en d'autres termes, ou bien, si l'on préfère, la culture – réside toujours dans ce dialogue entre le passé et le présent, entre le particulier et l'universel, entre un passé qui n'est pas « dépassé » et un présent que l'on s'emploie à dépasser, à surpasser ou à transcender. Ainsi, comme le souligne Finkielkraut, « la culture obéit à ses propres lois, à ses rythmes et valeurs ». Les savants et les artistes, au même titre que les prêtres ou les sages, cherchent ou créent des valeurs. Ils ont vocation à les défendre et à les illustrer, de façon aussi désintéressée et indépendante que possible. Et le pouvoir de leurs œuvres, « de toute œuvre culturelle », selon Hannah Arendt, est « d'arrêter notre attention et de nous émouvoir ».

La logique du marché, assurément, est tout autre. Elle consiste à répondre à une demande dont on doit à l'avance discerner les attentes, et dont on s'empresse de satisfaire les moindres désirs. Mais, au bout de cette logique, il y a une exigence de dépassement, l'appel à une transcendance ; privé de cet appel, le marché tourne en rond, en roue libre, il se prend pour sa propre fin. Le marché crée alors du vide dans une succession de modes qui, à peine établies, sont déjà dépassées. Il fait le vide autour de lui.

Il revient aux médias, depuis le milieu du XIXe siècle, partout où l'économie marchande est alliée à la démocratie politique, de mettre en tension les deux logiques, celle qui fait commerce de tout, et celle qui poursuit des valeurs – le vrai, le juste ou le beau. Les médias, en réalité, s'interposent, permettant à chacune d'aller au bout d'elle-même : au marché d'avoir un sens, de ne pas tourner à vide, sans repères, sans boussole, sans âme ; aux représentants de la culture – aux créateurs – de ne pas vivre entre eux, ou repliés sur eux-mêmes, et de soumettre leurs œuvres au verdict du « grand public ».

La culture s'épanouit à l'intérieur de ce triangle dont chacun des angles figure le représentant de ces trois logiques : les mandarins, pèlerins des valeurs ; les marchands, qui se livrent au commerce des idées, des opinions ou des œuvres ; les médiateurs enfin, les gens des médias, au premier rang desquels les journalistes, mandatés pour jouer les intermédiaires. Entre les représentants de ces trois logiques, des relations d'alliances et de rivalités se nouent et se dénouent en permanence. Ainsi, dans la société « médiatique », la vie culturelle se joue à trois, et tout doit être fait pour empêcher l'un des joueurs de dominer les deux autres ou d'être dominé par eux. La vie des idées et des œuvres ne s'accommode pas plus de la monocratie ou de la démagogie que de la médiacratie.

À l'inverse des critiques à l'endroit de la « culture de masse » ou de l' « industrialisation » de la culture, l'image du triangle a pour vertu, à tout le moins, de ne pas nous détourner des vraies questions surgies de l'avènement des médias « de masse ». Le problème n'est pas de savoir si les médias sont favorables ou non à la culture. Il n'est pas davantage dans l'évaluation de la qualité, que l'on peut trouver médiocre ou estimable, des produits sortis des « usines à rêves » ou des « fabriques de nouvelles ». La question est plutôt celle-ci : à quelles conditions les médias peuvent-ils favoriser la création d'œuvres nouvelles au lieu de permettre la seule reproduction à l'identique, ou presque, des anciennes ? Cette question en rejoint une autre : que font les médias pour étendre à un plus grand nombre de gens l'accès aux œuvres, anciennes ou récentes, qui illustrent le génie humain ?

Chapitre V

LES MÉDIAS ET LE VILLAGE PLANÉTAIRE

C'est en 1969 que McLuhan utilisa pour la première fois l'expression. Quelques années après *Pour comprendre les médias*, livre qui le rendit célèbre, il annonçait l'avènement du village planétaire. De cet ouvrage intitulé *Peace and War in the Global Village*, on devait seulement retenir que le monde était en train de devenir un village, par la seule vertu des médias, à cause sans doute de l'impact sur l'opinion de la première « guerre de la télévision », livrée au Vietnam par les États-Unis.

La chute du mur de Berlin, le 8 novembre 1989, donna une nouvelle fraîcheur à la prophétie du professeur canadien. Avant la fin de la même année, un Américain d'origine japonaise, Francis Fukuyama, remettait au goût du jour le rêve hégélien de « la fin de l'Histoire », sous les auspices, cette fois, du triomphe de l'économie de marché et de la démocratie libérale. Deux ans plus tard, Al Gore, futur vice-président des États-Unis, fit campagne sur le thème de la société de l'information, capable demain, selon lui, de mettre à la disposition de chacun, de n'importe où, la mémoire et le savoir du monde, grâce à des autoroutes en fibres optiques. Enfin, dès 1996, après les premiers succès des jeunes entreprises nées d'Internet – les *start-up* –, certains gourous avaient cru trouver, avec la nouvelle économie, la recette miracle d'une croissance forte et continue, sans chômage ni inflation.

La fin de l'Histoire, la société de l'information, la nouvelle économie : pompeuses, ces anticipations étaient souvent calculées ou intéressées. Elles se réclamaient, avec assurance et non moins de naïveté, des premiers bouleversements nés de la révolution numérique et de la mondialisation économique. Elles donnaient toujours raison, sans l'avouer, aux visions de l'avenir, revues et corrigées, de l'auteur du *Global Village*.

Le rêve du village planétaire s'est brisé avec la tragédie de New York et de Washington, le 11 septembre 2001, dissipant les dernières illusions dont s'était bercée la première décennie de l'après-guerre froide. Le XXIe siècle était né, non pas, comme on l'avait cru, avec quelques années d'avance, grâce à l'essor du Net et à la fin de l'empire soviétique, mais avec quelques mois seulement de retard sur le calendrier, en 2001, alors que s'effondraient les tours jumelles de la ville la plus cosmopolitique du monde, symbole ou préfiguration d'un futur encore innommé, postindustriel ou postnational. Le monde entier redécouvrait ce que l'Occident développé avait souvent oublié, dans une euphorie techniciste et économiste très « fin de siècle », en même temps que les réalités du terrorisme, les multiples dictatures et les fanatismes récents, nouveaux ou renaissants.

I. – Les peurs de la mondialisation

La mondialisation de l'économie – avec la croissance exponentielle du commerce international et le développement des flux d'investissements ou d'implantations à l'étranger – n'est pas un phénomène inédit, contrairement à une idée reçue. Ce que l'on désigne, depuis la fin de l'Union soviétique, sous le nom de « mondialisation » n'est en réalité que cette unité retrouvée d'un marché mondial, d'une « économie-monde », pour reprendre l'expression de Fernand Braudel, dont la Première Guerre mondiale avait interrompu provisoirement le cours. Le coup d'envoi de la mondialisation remonte en réalité à 1492, lorsque

Christophe Colomb, parti à la recherche des Indes, découvre l'Amérique, par hasard, moins de cinq ans avant qu'un autre navigateur venu d'Europe, Vasco de Gama, ne découvre le cap de Bonne-Espérance. C'est grâce à la révolution des transports matériels, les navires de commerce, les chemins de fer, puis l'automobile, que l'Europe, au XIXe siècle, est à la fois le premier moteur et le bénéficiaire principal de l'économie-monde.

Après 1991, la mondialisation n'est pourtant pas la simple reprise d'une dynamique vieille de cinq siècles. Elle marque une double rupture, à la fois géopolitique et culturelle, sous l'effet conjoint de la révolution numérique et de la fin de la guerre froide. D'un côté, des réseaux mondiaux d'information ou de production facilitent grandement l'essor des échanges internationaux, tandis que ceux-ci favorisent en retour leur extension. D'un autre côté, les pays occidentaux sont enclins à penser que le monde est en train de s'unifier, grâce à un marché planétaire, sur fond de valeurs universelles. Apparu aux États-Unis dans les dernières années du siècle passé, le mot *globalization*, sans équivalent en français, désigne simultanément la multiplication des réseaux et le renforcement des interdépendances, un bouleversement profond qui atteint à la fois l'économie, la culture et la politique.

À l'aube du XXIe siècle, la mondialisation-*globalization* nourrit une hantise : celle de l'uniformisation croissante de la culture, de l'homogénéisation de la planète. Certes, la peur de l'uniformité du monde n'est pas nouvelle. Ardent défenseur du libre-échange, Adam Smith s'était bien gardé de porter le moindre jugement sur cette « République économique universelle » dont il annonçait l'inéluctable avènement. Dans une œuvre de science-fiction de la fin du XIXe siècle, *Anticipations*, Herbert George Wells se demandait quelle langue et, avec elle, quelle culture, finiraient par s'imposer à l'ensemble de la planète. Mais le romancier de *La guerre des mondes* appelait en réalité de ses vœux l'unification du monde par la langue, renouant ainsi avec l'utopiste français Charles Fourier qui voyait dans « l'unité de langage (...) et de voies de communication » l'assurance d'un monde enfin pacifique. Un siècle plus tard, la mondialisation contient en germe, pour certains, l'américanisation du monde. Né d'une contraction, le mot « Mac World » désigne cette nouvelle peur : l'avènement d'une « monoculture », pour parler comme Claude Lévi-Strauss, aujourd'hui américaine, qu'il s'agisse de la micro-informatique, avec Macintosh, ou de la restauration rapide, avec McDonald's.

Depuis le 11 septembre 2001, une peur inverse s'est nourrie de l'actualité internationale, sans pour autant écarter la première : celle d'une fragmentation croissante du monde, de nouvelles fractures, économiques ou culturelles, toujours plus profondes, opposant les pays ou les peuples les uns aux autres, ou bien les divisant chacun contre eux-mêmes. L'Amérique prenant le relais de l'Europe, pourquoi, en effet, la deuxième mondialisation, à l'instar de la première, n'engendrerait-elle pas des crispations nationalistes, des replis identitaires, face aux menaces de la monoculture planétaire ? Bien loin d'annoncer la réalisation du projet kantien d'une société internationale pacifiée, la mondialisation-*globalization* ne finirait-elle pas par ressembler à la guerre imaginée par Hobbes de « chacun contre chacun » ou de « tous contre tous » ?

II. – Les espoirs de la « société globale »

À l'épreuve de la mondialisation des médias et des marchés, le monde n'aurait-il le choix qu'entre l'uniformisation et la tribalisation ? Entre l'unité rêvée et le narcissisme des petites différences, entre les peurs opposées de l'uniformité et de la diversité, le village planétaire est devenu indéchiffrable. Sans doute les hommes, comme les peuples, veulent-ils tout à la fois se ressembler les uns aux autres et se distinguer les uns des autres. Et les médias, aujourd'hui mieux qu'hier, leur offrent la possibilité de céder toujours davantage et simultanément aux deux tentations. Le choix n'est pas, en vérité, entre le cauchemar de Babel et la guerre des tribus. Ce que dissimule à nos yeux le dilemme de l'uniformité et de la diversité, c'est la vertu des échanges, leur invitation à civiliser nos différends et à respecter nos différences.

Quelques mois après la parution de *War and Peace in the Global Village*, Zbigniew Brzezinski, professeur de science politique et conseiller pour la sécurité nationale de Jimmy Carter (1977-1981), prolonge la réflexion de McLuhan en qualifiant de « technétronique » – à la fois technique et électronique – la troisième révolution, après l'Indépendance de 1776 et l'industrialisation des années 1870, dont l'Amérique est le fer de lance. Le monde n'est pas un « village », mais une « ville globale ». Avec les médias et l'informatique, il est comparable à un « nœud de relations interdépendantes, nerveuses, agitées et tendues ». Ce qui expose chacun de ses habitants aux affres de la solitude, plutôt que de lui offrir la chaleur et la solidarité du village mcluhanien. C'est un thème dont la littérature, depuis Proust et Céline, n'a guère cessé de s'inspirer. Nos médias sont toujours plus performants, mais nous doutons chaque jour davantage de la possibilité de communiquer. Avec qui « communiquer » – peut-on communiquer avec tout le monde ? Quoi regarder – peut-on tout regarder ? Quoi enregistrer – peut-on tout enregistrer ? La « société globale » pouvait-elle nous apporter tout ce que la communauté villageoise était censée nous donner ?

Le constat, pourtant, s'impose. Le prestige de l'échange et celui de la communication, après la fin de la guerre froide et tandis que se multipliaient les services du Net, n'ont pas cessé de croître. Or l'échange est très souvent un jeu à somme positive. Il est non seulement un facteur de changement et d'innovation, mais il permet également la rencontre entre les hommes, favorisant ainsi la compréhension et la tolérance réciproques. Et la communication, de la même façon, est une condition préalable pour toute communauté. Avant d'agir ou de penser avec d'autres, il faut d'abord « entrer dans l'orchestre ». Sous les auspices des interdépendances multiples de la société globale, pourquoi l'humanité ne choisirait-elle pas la diplomatie des « réseaux » plutôt que celle de la « canonnière » ? Pourquoi la vie internationale ne rechercherait-elle pas le dialogue et la concertation, plutôt que la confrontation ou la discorde ?

Moyens d'échange et de communication, les médias multiplient en effet les passerelles : entre les personnes, les peuples et les cultures. La sédentarité n'est plus la norme ; elle cède le pas devant la mobilité. Cinq cents millions de personnes ont franchi les frontières de leur pays en l'an 2000 ; on prévoit que le nombre de ces voyageurs aura doublé avant 2010. Les lieux de rencontre pour les touristes se multiplient et s'étendent au même rythme, de Gizeh à Disney en passant par La Villette, Marrakech ou New York. Les habitants de la société globale sont à la fois d'ici et d'ailleurs. Leur identité n'est plus stable, elle n'est plus enracinée dans une pureté ou une authenticité illusoire. Elle devient flexible, dynamique, modulable à souhait, voire incertaine, flottante ou problématique. Nous nous bricolons sans cesse une nouvelle identité, pour devenir ce que nous croyons vouloir être.

C'est la musique qui illustre le mieux, assurément, les bouleversements que le monde globalisé fait subir à ce qu'on appelle communément la culture. Plus encore que d'autres formes d'expression, elle traverse les frontières, nationales ou ethniques, et ignore les leurres de la pureté originelle. Elle relie ainsi l'Amérique, les Caraïbes, l'Afrique et l'Europe, allant parfois jusqu'à mêler la politique à l'esthétique. La destinée du célèbre *I'm so proud* témoigne de ces pérégrinations qui sont autant de passerelles entre les peuples. Créé par un trio vocal de Chicago, il fut repris par un groupe reggae jamaïcain avant de devenir, en Grande-

Bretagne, un succès planétaire intitulé *Proud of Mandela*, chanté par des enfants d'immigrés antillais.

Le tube originaire de Chicago est parfaitement représentatif de cette culture planétaire qui s'affirme chaque jour davantage sous l'effet conjoint de la mondialisation économique et de la révolution numérique. Les centres de production de cette culture tirent le meilleur parti de l'internationalisation et de la concentration qui affectent tous les secteurs d'activité. Time Warner, Bertelsmann, Disney, Globo... Ils jouent sur la confusion des genres, créant des lignes de produits, depuis l'habillement jusqu'à l'*entertainment*, sous les auspices de logos ou de marques connues du monde entier : Nike, Pokemon, Universal. Mais le fait le plus important, au-delà de la circulation de plus en plus dense des œuvres de la culture planétaire, ce sont les croisements, les emprunts ou les recyclages dont elle est le produit. Elle n'est pas, contrairement à une idée reçue, l'expression et le cheval de Troie de l'*American way of life* ; elle fait plutôt son miel de fécondations croisées entre des sources d'inspirations multiples et variées, venues du monde entier. Elle est condamnée, sous l'empire de la concurrence, à se renouveler sans cesse, à l'instar des modes, idéologiques ou vestimentaires. Elle se nourrit de l'« air du temps » qu'en retour elle renouvelle en permanence : cet ensemble de symboles, de représentations et d'idées reçues qui est la marque, de Tokyo à New York, de Paris à Johannesburg, d'une appartenance commune à la même époque, celle du présent.

La culture planétaire représente un défi pour les cultures locales ou régionales. Elles peuvent, certes, l'enrichir, lui offrir une source d'inspiration, mais elles sont souvent subverties ou subjuguées par elle, au point de se croire submergées et d'être reléguées au rang de folklores, voire menacées dans leur existence. La culture des élites pendant longtemps dominante parce qu'elle était la seule légitime, jusqu'aux premières brèches ouvertes par le cinéma et la radio, est pareillement sur la défensive, face aux entreprises de séduction de la culture planétaire. Cette culture assurément subsiste. C'est celle des sages, des savants, des artistes, des créateurs – celle, en d'autres termes, des mandarins, qui illustrent le génie humain. Elle forme le goût, aiguise le sens critique et suggère l'idée d'un développement ou d'un perfectionnement de la personnalité. Hannah Arendt ne redoutait-elle pas déjà, dans les années 1950, son recul devant les avancées des loisirs de masse, de ce qu'on désignerait plutôt aujourd'hui, sous la rubrique des industries du tourisme, des loisirs ou de l'*entertainment* ?

La culture globalisée subit en revanche, comme un choc en retour, la confrontation avec les cultures particulières, qui exaltent l'appartenance à une minorité enracinée dans une foi, une ethnie, une catégorie d'âge, une pratique ou une inclination sexuelle. Ces cultures particulières sont le ciment de communautés plus ou moins closes qui opposent une résistance diversement farouche au rouleau compresseur que représente à leurs yeux la culture globalisée. Loin d'être sur la défensive, comme les cultures des régions ou bien celles des élites, les cultures particulières ou minoritaires ont le vent en poupe. Passées à l'offensive, fières de leurs singularités, elles invoquent le « droit à la différence » et expriment une réaction plus ou moins exaspérée face à des médias globaux qu'elles soupçonnent d'être les agents de l'uniformisation du monde, voire de son américanisation.

Pourtant, à regarder de plus près la circulation des hommes et de leurs œuvres sur le marché mondial, nous sommes loin des clichés sur l'uniformisation ou la tribalisation de la culture. Il faut se garder en effet d' « essentialiser » la culture. Elle est une conquête, comme le disait André Malraux, et non un don du ciel. Elle n'existe qu'à travers chacun d'entre nous. Tandis que les médias sont globaux ou locaux, faisant le grand écart entre l'infiniment grand et l'infiniment petit, entre CNN et la radio de quartier, chacun d'entre nous est au confluent de « cultures » dont les sources et les destinations sont diverses. Chacun a des appartenances multiples qu'il choisit bien plus souvent qu'il ne les subit, ce qui met au centre des discussions la question de l'identité. Avec les médias, chacun se livre au jeu sans fin des comparaisons. Ainsi, le métissage généralisé des idées, des œuvres ou des croyances, plutôt que l'américanisation de la culture, n'est-il pas la plus médiocre explication de l'aspiration désespérée de certains à une identité illusoire qu'ils s'imaginent pure et authentique ?

III. – Les médias et la « diversité culturelle »

Prenant acte de la multiplication des échanges, faut-il alors imaginer l'avenir de la planète, à la suite de Arjun Appadurai, anthropologue américain d'origine indienne, comme un patchwork aux couleurs chatoyantes, heureux mélange de cultures qui s'enrichissent réciproquement ? Si le monde d'aujourd'hui ressemble davantage à une ville qu'à un village, ses cultures mélangées et « diasporiques », selon le mot de l'universitaire américain, font-elles émerger, comme en rêvait McLuhan, cette nation planétaire, consciente enfin de l'unité du genre humain ? La mondialisation des médias et des marchés, par la seule vertu de l'échange et du « doux commerce », annonce-t-elle la réalisation prochaine du projet kantien d'une société civile internationale, pacifiée par le droit ?

Il n'est guère possible de répondre à la question de façon aussi tranchée que notre volonté d'être rassurés le voudrait. Posée en ces termes, la question est naïve, en ce qu'elle cède à la tentation du déterminisme, en ce qu'elle oublie, par ailleurs, que l'histoire n'est écrite nulle part, qu'elle reste le lieu de la liberté et de la volonté humaines. Elle n'en comporte pas moins, parce qu'elle est pressante, une réponse. Celle de la diversité culturelle, dont on voudrait faire un principe pour la vie internationale, ou bien, pour le dire autrement, une solution pour écarter le spectre du *clash* entre les civilisations.

Durcie en slogan, la diversité culturelle se réclame implicitement de l'idée communément admise, simpliste mais souvent juste, selon laquelle la diversité, pour les activités humaines, est synonyme de richesse, de pluralité et, finalement, de liberté et de tolérance. Elle justifie le droit, pour les États, de protéger et de défendre certaines industries culturelles, le cinéma ou le livre, par des subventions, des quotas ou des taxes à l'importation. Mais le principe est aussi facile à poser que difficile à appliquer. Non seulement sa mise en œuvre encourt tous les risques du protectionnisme et du corporatisme, mais elle finit toujours par exprimer, souvent sans le dire, une défiance, une suspicion, voire une hostilité ou un mépris, vis-à-vis d'une autre « culture ». L'essor d'Hollywood, entre les deux guerres, a donné ainsi aux relations entre l'Amérique et le Vieux Continent un tour particulier. En 1939, Paul Valéry identifiait comme une « crise de l'esprit » l'inquiétude d'une Europe qui se sentait dépossédée par l'Amérique de cette idée d'universalité qu'elle avait apportée au monde. Dans les dernières années du XXe siècle, Waldo Frank, anthropologue, voyait dans la dénonciation européenne de l'américanisation « une maladie de l'Europe, communiquée à l'Amérique par des hommes de provenance et de culture européennes ».

Au moins l'application du principe de la diversité culturelle est-elle une invitation, pour chacun, pour chaque peuple, à s'interroger sur ce qui lui appartient en propre, à quoi il tient par-dessus tout et qu'il considère comme quasiment sacré, ne pouvant par conséquent faire l'objet d'un commerce, sauf à se rendre coupable de simonie : des œuvres, des activités, une langue, une religion, une histoire, un folklore... Tout ce qui, en d'autres termes, leur permet de s'identifier par rapport aux autres, comme héritiers et comme passeurs, entre un certain passé et l'avenir, entre ce qui n'appartient qu'à eux et ce qui a vocation à « toucher » et à « émouvoir » l'humanité tout entière.

Au moins l'évocation de ce principe permet-elle de mieux identifier les risques que la société globale fait courir à la culture, à ce que, faute de mieux, on appelle culture, et qui est le propre de l'homme. D'un côté, le risque, pour un trop grand nombre de personnes, de vivre seulement de l'air du temps, de s'identifier à leur époque, sous l'empire d'une culture créolisée diffusée par les médias globaux. De l'autre, le risque, pour les élites, pour les créateurs comme pour les sages ou les savants, de perdre toute influence, faute de pouvoir conserver aux yeux du grand nombre ce mélange de désintéressement et d'admiration qui fonde la véritable autorité.

Si la meilleure façon que nous avons, aujourd'hui, de nourrir l'espoir du « village global » et d'exorciser les peurs de la mondialisation réside dans la seule application du principe de la diversité culturelle, et si nous avons tant de mal à appréhender les réalités complexes et contrastées de la société « globale », c'est parce que nous sommes encore prisonniers de concepts périmés ou en voie de l'être, que nous continuons de penser le monde d'après la guerre froide comme si rien n'avait changé depuis les traités de Westphalie, comme si les nations et leurs États étaient encore repliés sur eux-mêmes ou comme si, n'ayant pas encore subi le double défi de la mondialisation et du numérique, les seuls repères des hommes et des peuples s'inscrivaient toujours dans l'enclos de leurs terres natales.

Faisant de la diversité culturelle l'objet d'une incantation, nous prenons alors le risque de négliger des questions surgies de la mondialisation-*globalization*. Que faire pour favoriser la création, dans ses différentes formes d'expression, et pour permettre aux œuvres, anciennes ou nouvelles, de rencontrer un public plus large, au-delà des cercles d'initiés ? Que faire pour favoriser la circulation des œuvres entre les différentes régions du monde, permettant ainsi à leurs habitants respectifs de se comprendre réciproquement, au moins de se mieux connaître ? Les médias et la mondialisation, dans les deux cas, offrent sans nul doute des possibilités nouvelles. L'objectif, pour répondre à la première préoccupation, consiste à atteindre un équilibre optimal entre, d'un côté, les « petits » – éditeurs de livres, producteurs de films ou concepteurs de sites web –, seuls capables le plus souvent de « dénicher » les talents, de les accueillir, de les encourager, et, d'un autre côté, les « gros », les majors de la distribution ou les géants de la communication, qui sont les seuls à disposer des moyens capables d'ouvrir les voies du succès aux œuvres qui le méritent, en même temps que la notoriété à leurs auteurs. C'est aux éditeurs qu'il appartient de réaliser cet équilibre, d'autant plus difficile à trouver, partout dans le monde, que la concentration des médias est grande et que les coûts pour accéder au public sont élevés. L'enjeu est de taille. La culture n'existe que grâce à ceux qui, en permanence, s'emploient à trouver cet équilibre.

La seconde préoccupation est, plus qu'il n'y paraît, liée à la première. Ce sont les œuvres nouvelles qui s'exportent les premières, entraînant éventuellement les autres dans leur sillage. Les flux d'échanges, on le sait, s'inscrivent pour l'essentiel à l'intérieur de la triade constituée par les États-Unis, l'Europe et le Japon. Et les flux entre le Nouveau et le Vieux Continent sont plus importants dans un sens que dans l'autre. Il ne s'agit certes pas d'œuvrer en direction d'un quelconque « rééquilibrage ». Cette volonté était, à l'époque où l'on rêvait d'un nouvel ordre mondial de l'information et de la communication, tout aussi chimérique et répandue que l'est, depuis le 11 septembre 2001, le plaidoyer de certains Européens en faveur d'un monde multipolaire, au mépris des réalités qui sont liées à la puissance américaine et aux dangers que représentent les dictatures et le terrorisme. Il s'agit bien plutôt de multiplier les échanges avec des régions du monde qui sont tenues à l'écart, souvent contre leur gré, des grands réseaux de la société globale. Avec son Bollywood – le Hollywood de Bombay –, le cinéma indien, plus important, au moins quantitativement, que son homologue américain, est inconnu du reste du monde. Il s'exporte très peu, ou très mal, à cause de l'idée que les distributeurs internationaux se donnent du pays d'origine des films, et de l'image que ceux-ci peuvent avoir, à leurs yeux, parmi les exploitants de salles de cinéma auxquels ces distributeurs s'adressent. Ainsi les chances du cinéma indien de faire mieux connaître l'Inde à l'étranger sont-elles entre les mains d'intermédiaires commerciaux, comme les conditions de la création et de la créativité des œuvres portées ou transmises par les médias dépendent entièrement de l'aptitude des éditeurs à trouver un juste équilibre entre le talent et la notoriété de leurs auteurs.

Acteurs en même temps que bénéficiaires de la mondialisation économique, les médias peuvent à n'en pas douter nous épargner les dangers opposés de la monoculture et de la guerre des tribus. Ils peuvent éveiller et nourrir en chacun de nous le souci de l'autre et le souci du monde, comme ils sont capables, pareillement, en utilisant les ressorts de la propagande, de nous enfermer chacun dans le silence du conformisme ou, pire, dans la haine d'un bouc émissaire désigné à l'avance. Plus que jamais, les médias peuvent quelque chose dans le combat quotidien contre l'ignorance, contre l'indifférence et contre l'intolérance. Gardons-nous néanmoins, comme Daniel Bougnoux nous le recommande, d'en faire, pour le meilleur comme pour le pire, « des quasi-sujets, et de tomber ainsi dans une pensée magique ».

Rappelons que les médias sont des outils, et seulement des outils. Entre les médias et l'usage qui en est fait, il y a une demande, qui s'exprime sur un marché ; il y a aussi une culture, qui donne à cette demande son véritable sens, son ultime signification. La mondialisation économique, à l'instar des médias, n'est en soi ni un bien, ni un mal. Elle contient en germe non pas la fin de l'Histoire, mais les dangers opposés de Babel ou d'une nouvelle Rome et de la guerre ou du conflit entre civilisations, et en même temps toutes les promesses du village planétaire.

À ce point, le constat s'impose. Les promesses des médias resteront stériles si nous n'acceptons pas la politique, si nous refusions les contraintes de notre condition politique. Piliers de l'ordre westphalien, les États-nations sont aujourd'hui pris en tenaille, sous l'effet conjoint de l'économie et de la communication, entre des communautés infranationales qui ont le vent en poupe, et l'émergence d'organisations supranationales, régionales ou mondiales, qui s'efforcent patiemment d'édifier un ordre mondial pacifié. Les médias n'ont de chance de faire demain pour le meilleur ce que, jadis, ils ont fait pour le pire, que si, d'un côté, ils garantissent à tous la possibilité de s'exprimer, par-delà ou en deçà des frontières nationales, et si, d'un autre côté, ils obéissent à ce que l'on pourrait appeler le « devoir d'universalité », en vertu de l'unité du genre humain. Alors que les échanges se multiplient, l'universel s'impose comme horizon de façon plus impérieuse que jamais. À quoi bon des médias pour communiquer, si l'on n'a pas appris aux hommes, avant de s'en servir, à vivre ensemble, à se parler les uns aux autres, à s'écouter les uns les autres ? Pour épargner à l'humanité les affres du nihilisme ou celles du tribalisme, il lui faut sans nul doute utiliser les médias pour que les hommes puissent habiter, vivre, agir et penser ensemble, dans d'autres cités, dans d'autres maisons, que celles des seules nations.

GLOSSAIRE

ADSL *(Asymmetrical Digital Subscriber Line)*. Technique appartenant à la famille des protocoles DSL permettant de doper les performances de la ligne téléphonique afin de l'utiliser pour transmettre des programmes de télévision, en plus de la téléphonie et de l'accès à Internet.

Annonceur, n. m. *(advertiser)*. Toute personne ou institution utilisant les médias afin de faire connaître ou de faire valoir leurs activités, leurs productions ou leurs services.

Audience, n. f. *(audience)*. Nombre de personnes ayant déclaré avoir été exposées à un média ou à l'un de ses programmes ; nombre de personnes qui sont susceptibles d'être atteintes par un média ou l'un de ses programmes.

Audimat. Appareil connecté à un téléviseur afin de mesurer l'audience. L'usage a fini par imposer l'emploi de cette dénomination commerciale pour désigner les résultats des sondages opérés auprès des téléspectateurs.

Billet, n. m. *(short article)*. Article de journal, généralement assez court, qui commente un événement ou une situation ayant un rapport avec l'actualité.

Bit, n. m. (abréviation de *binary digit*). Élément de base du langage informatique dont les deux seules valeurs sont 0 et 1 (1 octet = 8 bits). Unité informatique permettant de mesurer la capacité d'un support ou le débit d'un réseau (bit/s).

Blog, n. m. Contraction de « Web » et de « log », site personnel dont l'auteur – ou l'éditeur –, le blogueur (*blogger*, en anglais), s'exprime sur un sujet ou dans un domaine quelconque, espérant ainsi rencontrer un public qui partage ses centres d'intérêt.

Bouillon, n. m. *(unsold copies)*. Pour un numéro donné d'un journal, exemplaire n'ayant pas trouvé d'acheteur.

Câblodistributeur, n. m. *(distributor of cable television)*. Entreprise ou personne distribuant et commercialisant dans une zone géographique limitée des programmes des services audiovisuels ou des services de télécommunication comme le téléphone, grâce à des réseaux de câbles ou, parfois, grâce à des réseaux hertziens particuliers (dits micro-ondes).

Canard, n. m. *(false rumour, or canard)*. 1 / Au XVIe siècle, journal imprimé comportant, pour l'essentiel, des faits divers. 2 / Nouvelle peu crédible, voire fausse. 3 / Appellation péjorative pour « journal ».

Censure, n. f. *(censorship)*. Suppression de certains articles, ou de certains passages, dans un livre, dans un journal, ou dans certains programmes de radio ou de télévision, ou de certaines séquences, avant publication ou avant diffusion.

Cible, n. f. *(target)*. Fraction de la population choisie pour être destinataire d'un média donné.

Clause de conscience *(ethical clause)*. Possibilité offerte aux journalistes, en France et dans quelques autres pays, de démissionner et d'obtenir des indemnités de licenciement lorsque le journal est cédé, quand il cesse de paraître, ou bien dans le cas d'un changement « notable » de « caractère » ou d' « orientation ».

Coquille, n. f. *(literal error, wrong fount, wrong letter)*. Erreur d'impression portant sur un mot entier ou sur un groupe de mots.

Couplage publicitaire. Accord entre plusieurs supports appartenant ou non à un même média permettant d'offrir à un annonceur, avec un tarif unique, leurs différents espaces publicitaires.

Cybermonde, n. m. Le mot « cyberspace » a été utilisé pour la première fois en 1984 par l'écrivain américain de science-fiction William Gibson, dans son roman *Neuromancer*, pour désigner non seulement les réseaux informatiques, mais également les informations qu'ils véhiculent ainsi que les personnes qui utilisent et enrichissent ces réseaux. Par extension, on parle de cyberculture, de cyberpresse, de cyberpublicité...

Déontologie, n. f. *(ethics)*. Ensemble des règles que des professionnels se donnent à eux-mêmes, et au respect desquelles ils veillent.

Désinformation, n. f. *(disinformation ; propaganda)*. Présentation partielle ou tendancieuse des événements de l'actualité, et résultat de cette action auprès des personnes visées.

Diffamation, n. f. *(libel)*. Atteinte portée à l' « honneur » ou à la « réputation » d'une personne mise en cause par un média d'information.

Diffusion, n. f. *(circulation, broadcasting)*. 1 / Nombre d'exemplaires d'un journal ayant effectivement atteint le public de lecteurs, gratuitement ou contre rémunération. 2 / Transmission, vers plusieurs destinataires, de programmes de radio ou de télévision, ou de données informatiques, par quelque moyen que ce soit, ondes hertziennes, câble ou satellites.

Exception culturelle *(cultural exception)*. Principe selon lequel le secteur audiovisuel (télévision et cinéma) doit échapper à l'application des règles du commerce international – celles du libre-échange – qui découlent des accords du GATT (General Agreement on Tariffs and Trade), relayé depuis 1994 par l'Organisation mondiale du commerce (OMC). Mieux vaudrait dire que la télévision et le cinéma sont exemptés de certaines obligations, en raison de leur participation à la défense de la singularité de chacune des cultures, nationales ou régionales.

Flux RSS *(Really Simple Syndication)*. Téléchargement automatique, grâce à des fichiers au format XML, d'extraits des pages mises à jour de plusieurs sites Web, en fonction des préférences de l'internaute.

Fournisseur d'accès *(Internet access provider, IAP)*. Société commerciale offrant aux entreprises ou aux particuliers la possibilité d'accéder à Internet et, le cas échéant, à certains services en ligne exclusifs, réservés à ses clients.

Hors-média. Sont ainsi qualifiées toutes celles des actions de publicité qui n'ont pas recours aux grands médias (presse, télévision, radio, affichage, cinéma).

Infographie, n. f. *(computer graphic)*. Contraction d'« information » et *graphies*, le mot désigne la représentation, grâce aux procédés de l'informatique, de toutes informations, sous forme de schémas, de cartes, de graphiques.

Interactivité, n. f. *(interactivity)*. Possibilité d'agir sur un média, ou de « dialoguer » avec lui, en cliquant sur un mot clé ou une icône, afin d'accéder, quand on le veut, à l'un des services ou des programmes qu'il propose, depuis le télé-achat jusqu'aux jeux vidéo.

Moteur de recherche *(search engine)*. Programme de classement et d'indexation permettant la recherche automatique d'informations sur le Web, grâce à la sélection de mots clés.

N.d.l.R. Abréviation pour « Note de la rédaction » : elle annonce un complément d'information permettant une meilleure compréhension de l'article d'un journal.

Numérique, adj. et n. m. *(digital)*. Code binaire (succession de 0 et de 1) permettant de traduire toutes sortes d'informations – textes, voix, sons, images –, afin de les mémoriser, de les traiter, de les restituer ou de les transmettre.

Ours, n. m. *(masthead)*. Publication, dans tout journal, de la liste de ses dirigeants, de ses principaux responsables et de certaines indications comme ses tarifs d'abonnement ou son numéro ISSN...

Pige, n. f. Travail accompli par un journaliste qui est rémunéré à article.

Podcasting. Né de la contraction d'iPod, le baladeur d'Apple, et de *broadcasting,* le mot désigne le téléchargement à la demande sur un ordinateur ou un baladeur numérique de fichiers audio ou vidéo en provenance de blogs ou des sites de radios ou de télévisions.

Portail, n. m. *(portal)*. Site web permettant d'accéder, à un ensemble de sites ou de services correspondant à des domaines identifiés et circonscrits.

RFID (Radio Frequency Identification). Technologie associant une puce électronique et une antenne permettant l'identification d'un objet à distance, grâce à l'utilisation d'une radiofréquence. Cette radio-étiquette, appelée également *smart tag* ou *radio tag,* est une sorte de code-barre utilisant une fréquence radio plutôt que le procédé de la lecture optique.

Services linéaires - Services non linéaires. Services de radiodiffusion ou de télévision se différenciant désormais, conformément à une distinction établie par les institutions de l'Union européenne, selon qu'ils sont transmis unilatéralement vers les usagers, en mode *broadcast* – ils sont dits alors « linéaires » –, ou bien, à l'inverse, selon qu'ils sont demandés par les auditeurs ou les téléspectateurs, en mode point à point, comme la VOD, accessible sur un téléviseur, un téléphone ou tout autre terminal portable ayant un écran.

Tabloïd, n. m. Nom donné au demi-format, par rapport aux journaux du XIXe siècle. Désigne désormais la presse populaire britannique, parce qu'elle a adopté ce demi-format.

Télévision de rattrapage *(Catch-up TV).* Service proposé par une chaîne de télévision permettant de visionner, gratuitement ou en payant, un programme ayant été diffusé par cette chaîne plus ou moins longtemps auparavant.

Timeshifting. Expression anglaise désignant cette possibilité, pour le téléspectateur, d'interrompre un programme de télévision et de le reprendre, là où il a été interrompu, grâce à un enregistreur numérique qui, après avoir été activé, stocke les données du programme pour les restituer ultérieurement, au moment désiré.

TMP (Télévision mobile personnelle). Programmes de télévision enregistrés en numérique, transmis par la voie hertzienne terrestre (mode *broadcast*) et reçus grâce à un téléphone ou un récepteur vidéo portable.

TNT (Télévision numérique hertzienne terrestre). Programmes de télévision enregistrés et transmis par la voie hertzienne terrestre selon le codage reposant sur la représentation numérique.

Triple (ou quadruple) play. Offre simultanée de trois (ou quatre) services, à travers le guichet unique d'un opérateur : le téléphone fixe, l'accès à Internet, un bouquet de chaînes de télévision et la téléphonie mobile.

Vidéo à la demande *(Video on demand, VOD).* Accès à un film ou un programme vidéo, à l'instant désiré, sur l'écran d'un téléviseur ou d'un ordinateur.

VoIP *(Voice over Internet Protocol).* Service de communication vocale entre plusieurs ordinateurs utilisant le protocole d'Internet grâce à l'installation d'un logiciel spécifique.

Web 2.0. Expression forgée en 2005 par Tim O'Reilly, consultant américain en informatique, pour désigner une panoplie de services comme les blogs, les flux RSS et les sites Wiki qui facilitent la fréquentation des sites de la Toile et qui permettent la création de contenus par les internautes eux-mêmes.

Webzine. Magazine diffusé exclusivement sur le Web, et réalisé à cette fin, sans équivalent imprimé.

Wi-Fi *(Wireless Fidelity)*. Réseau local radioélectrique grâce auquel n'importe quel ordinateur peut accéder, sans fil, aux services d'Internet, à condition d'être à moins de 100 m d'une borne appelée *hotspot*. Le Wimax *(Wireless Interoperability for Microwave Access)* offre les mêmes possibilités, avec une portée théorique de 50 km et des débits cinq fois plus élevés, soit 70 mégabits par seconde.

BIBLIOGRAPHIE

Akoun André, *Sociologie des communications de masse*, Hachette, 1997.
Albert Pierre, *La presse française,* La Documentation française, 6e éd., 2008.
Albert Pierre, *La presse,* PUF, « Que sais-je ? », 12e éd., 2002.
Albert Pierre, *Histoire de la presse,* PUF, « Que sais-je ? », 10e éd., 2009.
Albert Pierre, Leteinturier Christine, *Les médias dans le monde. Enjeux internationaux et diversités nationales*, Ellipses, 1999.
Albert Pierre, Tudesq André-Jean, *Histoire de la radio-télévision*, PUF, « Que sais-je ? », 5e éd., 1996.
Arendt Hannah, *La crise de la culture*, Gallimard, 1972.
Badillo Patrick-Yves (sous la dir.), *Écologie des médias,* Bruylant, 2008.
Balle Francis, *Le mandarin et le marchand*, Flammarion, 1995.
Balle Francis, *Médias et sociétés*, Montchrestien, 14e éd., 2009.
Balle Francis (sous la dir.), *Lexique d'information communication*, Dalloz, 2006.
Bamberger Manuel, *La radio en France et en Europe*, PUF, « Que sais-je ? », 1997.
Barrat Jacques, *Géographie économique des médias*, Litec, 1992.
Baudrillard Jean, *Écran total,* Galilée, 1997.
Baynast Arnaud de, Lendrevie Jacques avec la collaboration de Catherine Emprin, *Publicitor,* Dunod, 7e éd., 2008.
Bellescize Diane de, Franceschini Laurence, *Droit de la communication*, PUF, « Thémis. Droit public », 2005.
Benhamou Françoise, *Les dérèglements de l'exception culturelle,* Le Seuil, 2006.
Bomsel Olivier, *Gratuit ! Du déploiement de l'économie numérique,* Gallimard, « Folio Actuel », 2007.
Bongrand Michel, *Le marketing politique*, PUF, « Que sais-je ? », 2e éd., 1993.
Bongrand Michel, *Le marketing politicien,* Bourin, 2006.
Bonnell René, *La vingt-cinquième image. Une économie de l'audiovisuel*, Gallimard, 3e éd., 2001.
Boudon Raymond, *L'art de se persuader*, 1990.
Bougnoux Daniel, *Sciences de l'information et de la communication*, Larousse, 1993.
Bougnoux Daniel, *Introduction aux sciences de la communication,* La Découverte, « Repères », 2002.
Bourdieu Pierre, *Sur la télévision,* Raisons d'agir, 1996.
Breton Thierry, *La dimension invisible*, Odile Jacob, 1991.
Castells Manuel, *La galaxie Internet,* Fayard, 2002.
Cazeneuve Jean, *La télévision en sept procès*, Buchet-Chastel, 1992.
Chaniac Régine, Jézéquel Jean-Pierre, *La télévision,* La Découverte, « Repères », 2005.
Chantepie Philippe, Le Diberder Alain, *Économie de la communication numérique,* La Découverte, « Repères », 2005.
Charon Jean-Marie, *La presse magazine,* La Découverte, « Repères », 1999.
Charon Jean-Marie, *Les médias en France,* La Découverte, « Repères », 2003.
Charon Jean-Marie, *Les journalistes et leur public : le grand malentendu,* Vuibert, 2008.

Cluzel Jean, *La télévision*, Flammarion, 1996.
Cohen-Tanugi Laurent, *Le nouvel ordre numérique*, Odile Jacob, 1999.
Colombain Jérôme, *La cyberculture*, Milan, 1997.
Cotteret Jean-Marie, *Gouverner, c'est paraître*, PUF, 1997 ; rééd. « Quadrige Essai », 2002.
Debray Régis, *Cours de médiologie générale*, Gallimard, 1991.
Derieux Emmanuel, Granchet Agnès, *Le droit des médias. Droit français, européen et international,* LGDJ, 2008.
Derieux Emmanuel, *Droit de la communication. Lois et règlements,* Victoires-Légipresse, 7e éd., 2008.
Ellul Jacques, *Histoire de la propagande*, PUF, 1967.
Eveno Patrick, *La presse quotidienne nationale. Fin de partie ou renouveau ?,* Vuibert, 2008.
Finkielkraut Alain, *La défaite de la pensée*, Gallimard, 1987.
Gabszewicz Jean, Sonnac Nathalie, *L'industrie des médias,* La Découverte, « Repères », 2006.
Gonnet Jacques, *Éducation et médias,* PUF, « Que sais-je ? », 2e éd., 1999.
Greffe Xavier, Sonnac Nathalie (sous la dir.), *Culture Web,* Dalloz, 2008.
Huisman Denis, Chaumely Jean, *Les relations publiques*, PUF, « Que sais-je ? », 1997.
Hunter Mark, *Le journalisme d'investigation, aux États-Unis et en France*, PUF, « Que sais-je ? », 1997.
Le Floch Patrick, Sonnac Nathalie, *Économie de la presse*, La Découverte, « Repères », 2e éd., 2005.
Leteinturier Christine, Le Champion Rémy (sous la dir.), *Médias, information et communication,* Ellipses, « Transversale », 2009.
Lombard Didier, *Le village numérique mondial,* Odile Jacob, 2008.
Mathien Michel, *Economie générale des médias,* Ellipses, « Infocom », 2003.
Mattelard Armand, *La communication-monde*, La Découverte, « Sciences humaines et sociales, n° 80 », 1999.
McLuhan Marshall, *Pour comprendre les médias*, Le Seuil, 1968.
Morin Edgar, *L'esprit du temps*, Grasset, 1962.
Muchielli Alex, *Les sciences de l'information et de la communication*, Hachette, 1995.
Ortoleva Peppino, *La société des médias*, Casterman, 1995.
Pigeat Henri, *Médias et déontologie*, PUF, 1997.
Pisani Francis, Piotet Dominique, *Comment le Web change le monde. L'alchimie des multitudes,* Pearson, 2008.
Popper Karl, Condry John, *La télévision : un danger pour la démocratie,* Anatolia, 1994.
Rieffel Rémy, *Sociologie des médias*, Ellipses, 2001.
Rieffel Rémy, *Que sont les médias ?*, Gallimard, « Folio Actuel », 2005.
Riesman David, *La foule solitaire*, Arthaud, 1964.
Robinet Philippe, Guerin Serge, *La presse quotidienne*, Flammarion, 1998.
Tchakhotine Serge, *Le viol des foules par la propagande politique*, Gallimard, 1939.
Thoveron Gabriel, *Histoire des médias*, Le Seuil, 1997.
Toussaint-Desmoulins Nadine, *L'économie des médias*, PUF, « Que sais-je ? », 7e éd., 2008.
Virieu François-Henri de, *La médiacratie*, Flammarion, 1990.
Wolton Dominique, *Penser la communication*, Flammarion, 1997.
Zémor Pierre, *La communication publique*, PUF, « Que sais-je ? », 4e éd., 2008.

TABLE DES MATIÈRES

DEUXIÈME PARTIE

LES OBJECTIFS OU LES FINALITÉS

TROISIÈME PARTIE

LES MÉDIAS EN QUESTIONS

Imprimé en France
par JOUVE
1, rue du Docteur Sauvé, 53100 Mayenne
avril 2010 - N°508413D

IMPRIM'VERT
Votre imprimeur agit pour l'environnement

JOUVE est titulaire du label imprim'vert®